内部統制による
企業防衛指針の実践

［企業が反社会的勢力による被害を
防止するための指針］
の解説と関係遮断のための
内部統制システム整備マニュアル

企業防衛研究会・KFi株式会社 編著

青林書院

はじめに

　平成19年6月19日犯罪対策閣僚会議幹事会申合せにより、「企業が反社会的勢力による被害を防止するための指針」が公表されました。近年暴力団は、組織実態を隠蔽し、企業活動を装うなど不透明化を進めており、証券取引や不動産取引などの経済活動を通じて資金獲得活動を巧妙化させています。暴力団は、通常の取引を装って企業に近づこうとしており、いずれの企業も暴力団に狙われる可能性があり、暴力団関係企業と知らずに取引を始めてしまうおそれがあります。これまで企業は、暴力団対策を個人の倫理の問題として捉え、対応を一部担当者に任せてしまう傾向がありました。それでは、暴力団につけ入られ、暴力団を完全にシャットアウトすることは困難です。このような状況を前提として、指針は暴力団排除活動を一層推進するため、企業に対して反社会的勢力との一切の関係遮断を求め、反社会的勢力による被害を防止するための仕組みを内部統制システムに組み込むことを求めています。

　指針公表後、多くの企業から指針の趣旨や指針の求める内部統制システムの内容・具体例などについて問い合わせを受けました。そうした声を背景として、第二東京弁護士会民暴委員会委員有志が「企業防衛研究会」を立ち上げました。同研究会は、企業コンプライアンス、内部統制などのコンサルティングを専門とするKFi株式会社の協力を得て、平成19年7月以降会合を重ね、関係資料を収集し、不明な点は警察庁や暴追センターに問い合わせるなどして、指針を研究し、指針具体化の方策を検討して参りました。

　本書では、「反社会的勢力との一切の関係遮断」の意義・必要性、関係遮断とCOSOフレームワーク・PDCAサイクル、経営陣のリーダーシップ、社内規程の作成・整備、内部体制の構築、暴力団排除条項、対応マニュアルの作成、データベースの構築、社内研修、人事考課システ

ム、外部専門機関との連携、モニタリングなど、指針の求めるあらゆる事項に言及し、解説しています。規程・マニュアルの作成・整備などについては企業防衛研究会が主に担当し、コンプライアンスなどについてはKFi株式会社が主に担当し、それぞれ専門分野の知識・ノウハウを惜しみなく注ぎ込んでおり、本書は実務に役立つ内容となっています。

　指針立案担当者によれば、指針は反社会的勢力による被害を防止するための基本的な理念や具体的な対応を取りまとめており、指針の具体化は指針公表後の研究に委ねるとのことでした。私どもの知る限り、指針を詳細に解説した書籍は本書が初めてです。本書が企業の総務・法務担当者や法律実務家の方々の参考となり、反社会的勢力を社会から排除するための一助となれば、望外の幸せです。

　平成20年5月

　　　　　　　　　　　　　　　　　企業防衛研究会
　　　　　　　　　　　　　　　　　　　代表弁護士　鈴木雅芳
　　　　　　　　　　　　　　　　　KFi株式会社
　　　　　　　　　　　　　　　　　　　代表取締役　青木茂幸

凡　　例

1. 本書の本文及び略語として、「企業が反社会的勢力による被害を防止するための指針」は「指針」、また「企業が反社会的勢力による被害を防止するための指針に関する解説」は「指針解説」として、それぞれ表記した。

2. 引用法令
   (1) 各法令は、平成20（2008）年3月末現在のものによった。
   (2) 法令条数を列記するにあたっては、同一法令の場合は「・」で、異なる法令の場合は「、」で区切った。

3. 引用判例
   判例の引用表記においては、以下の略記法を用いた。
   【例】最判平18・4・10判タ1214号82頁
   　　　←最高裁判所平成18年4月10日判決、判例タイムズ1214号82頁

4. 法令名略語
   会　　　　　　会社法
   会規　　　　　会社法施行規則
   旧商規　　　　旧商法施行規則
   旧商特　　　　旧株式会社の監査等に関する商法の特例に関する法律
   個人情報　　　個人情報の保護に関する法律（個人情報保護法）
   暴対法　　　　暴力団員による不当な行為の防止等に関する法律（暴力団対策法）

5. 判例・文献関係略語
   金財　　　　　週刊金融財政事情
   判時　　　　　判例時報
   判タ　　　　　判例タイムズ

6. その他の略語
   特防連　　　　社団法人警視庁管内特殊暴力防止対策連合会
   暴追センター　都道府県暴力追放運動推進センター

執筆者紹介

▼編 著 者
　企業防衛研究会・KFi 株式会社

▼編集委員
　鈴木　雅芳（弁護士）
　　多田総合法律事務所
　　〒105-0001　港区虎ノ門2—8—1　虎ノ門電気ビル3階
　　TEL：03-3597-8855　FAX：03-3597-8856

　黒河内　明子（弁護士）
　　柏木総合法律事務所
　　〒105-0002　港区愛宕1—3—4　愛宕東洋ビル8階
　　TEL：03-5472-5050　FAX：03-5472-5077

　加藤　公司（弁護士）
　　岡村綜合法律事務所
　　〒100-0005　千代田区丸の内2—2—2　丸の内三井ビル10階1005号室
　　TEL：03-3215-3611　FAX：03-3215-3610

　行方　洋一（弁護士）
　　東京青山・青木・狛法律事務所 ベーカー＆マッケンジー外国法事務弁護士事務所（外国法共同事業）
　　〒100-0014　千代田区永田町2—13—10　プルデンシャルタワー11階
　　TEL：03-5157-2700　FAX：03-5157-2900

　青木　茂幸（KFi 株式会社代表取締役）
　　KFi 株式会社
　　〒100-0013　千代田区霞が関1—4—2　大同生命霞が関ビル17階
　　TEL：03-3519-1221　FAX：03-3519-1235

▼執 筆 者〔執筆順〕
　黒河内　明子（上掲）
　　執筆担当：第1編第1章Ⅰ～Ⅴ、第1編第2章Ⅰ・Ⅱ、第3編第1章Ⅲ

松井　　章（弁護士）
　　執筆担当：第1編第1章Ⅰ～Ⅳ、第1編第2章Ⅰ・Ⅱ
　　南法律事務所
　　〒102-0093　千代田区平河町2―4―13　ノーブルコート平河町504
　　TEL：03-3263-1511　FAX：03-3263-9711

鈴木　雅芳（上掲）
　　執筆担当：第2編第1章Ⅰ～Ⅴ

坂田　真吾（弁護士）
　　執筆担当：第2編第1章Ⅴ
　　弁護士法人ブリッジルーツ東京事務所
　　〒105-0001　港区虎ノ門5―11―1　オランダヒルズ森タワーRoP1305
　　TEL：03-6402-1551　FAX：03-6402-1552

加藤　公司（上掲）
　　執筆担当：第2編第2章Ⅰ・Ⅱ

行方　洋一（上掲）
　　執筆担当：第2編第3章Ⅰ・Ⅱ、第2編第4章Ⅰ・Ⅱ、巻末付録資料1

青木　茂幸（上掲）
　　執筆担当：第2編第5章Ⅰ・Ⅱ、第3編第1章Ⅱ、第3編第2章Ⅳ・Ⅴ、
　　　　　　　第3編第4章Ⅰ～Ⅲ、巻末付録資料1

西村　喜生子（コンサルタント）
　　執筆担当：第2編第5章Ⅰ・Ⅱ、巻末付録資料1
　　KFi株式会社
　　〒100-0013　千代田区霞が関1―4―2　大同生命霞が関ビル17階

千葉　　理（弁護士）
　　執筆担当：第3編第1章Ⅰ
　　曙綜合法律事務所
　　〒104-0061　中央区銀座1―14―4　プレリー銀座ビル10階
　　TEL：03-3535-5677　FAX：03-3561-7282

内藤　勇樹（弁護士）
　　執筆担当：第3編第1章Ⅳ
　　笠井総合法律事務所
　　〒104-0061　中央区銀座3―11―18　真帆ビル5階
　　TEL：03-3546-2033　FAX：03-3546-2035

武谷　元（弁護士）
　執筆担当：第3編第1章V
　仲田・森谷法律事務所
　〒105-0003　港区西新橋1―12―8　西新橋中ビル2階
　TEL：03-5501-2690　FAX：03-5501-2691

村上　智裕（弁護士）
　執筆担当：第3編第1章VI
　田宮合同法律事務所
　〒100-0014　千代田区永田町2―14―3　赤坂東急ビル11階
　TEL：03-3592-1341　FAX：03-3581-5838

髙木　薫（弁護士）
　執筆担当：第3編第2章I
　五百蔵洋一法律事務所
　〒105-0003　港区西新橋1―12―8　西新橋中ビル2階
　TEL：03-5501-2151　FAX：03-5501-2150

岩本　一馬（弁護士）
　執筆担当：第3編第2章II
　菊地総合法律事務所
　〒150-0043　渋谷区道玄坂2―10―7　新大宗ビル5号館1052
　TEL：03-3496-9741　FAX：03-3477-1825

宇佐美　善哉（弁護士）
　執筆担当：第3編第2章III
　本間合同法律事務所
　〒107-0052　港区赤坂3―11―3　赤坂中川ビル4階
　TEL：03-5570-3270　FAX：03-5570-3280

佐藤　康世（コンサルタント）
　執筆担当：第3編第2章V
　KFi株式会社
　〒100-0013　千代田区霞が関1―4―2　大同生命霞が関ビル17階

松田　健一（弁護士）
　執筆担当：第3編第3章I〜V
　ラーネッド総合法律事務所
　〒100-0014　千代田区永田町2―10―2　TBR712
　TEL：03-3580-7111　FAX：03-3580-7112

目　　次

はじめに
凡　　例
執筆者紹介

第1編　指針の概要

第1章　企業が反社会的勢力による被害を防止するための指針作成の経緯とその目的 …………………………………………3
- Ⅰ　犯罪に強い社会の実現のための行動計画 …………………3
- Ⅱ　企業が反社会的勢力による被害を防止するための指針の策定・公表 ………………………………………………………4
- Ⅲ　指針の目的 ……………………………………………………5
- Ⅳ　東京証券取引所の有価証券上場規程等の一部改正 ………6
- Ⅴ　金融庁による監督指針の一部改正 …………………………7

第2章　指針及び指針解説の構成 …………………………………9
- Ⅰ　指針の構成 ……………………………………………………9
  - 1　基本原則と基本的な考え方 ………………………………9
  - 2　平素からの対応 ……………………………………………10
  - 3　有事の対応（不当要求への対応）………………………10
  - 4　内部統制システムと反社会的勢力による被害防止との関係 …………………………………………………………11
- Ⅱ　指針解説の構成 ………………………………………………11

第2編　指針が求める内部統制システム

第1章　関係遮断の意義 ……………………………………………15

Ⅰ　はじめに ………………………………………………………… *15*
　Ⅱ　「反社会的勢力」の意義 ……………………………………… *15*
　Ⅲ　「取引を含めた一切の関係」の意義 ………………………… *17*
　Ⅳ　「遮断」の意義 ………………………………………………… *18*
　Ⅴ　「一切の関係遮断」の必要性 ………………………………… *20*
第2章　関係遮断のための内部統制システム ……………………… *29*
　Ⅰ　会社法と内部統制システム構築義務 ………………………… *29*
　　1　裁判例における内部統制システム構築義務 ……………… *29*
　　2　内部統制システムに関する会社法上の取扱い …………… *30*
　Ⅱ　内部統制システムに組み込む際の視点 ……………………… *32*
　　1　不当要求に対する企業が陥りやすい誤った対応 ………… *32*
　　2　内部統制システムへ組み込むにあたってのポイント …… *33*
　　3　システム構築に対する長期的視点 ………………………… *35*
第3章　関係遮断とCOSOフレームワーク ……………………… *37*
　Ⅰ　経営判断の原則とCOSOフレームワーク ………………… *37*
　Ⅱ　反社会的勢力との関係遮断とCOSOフレームワーク …… *39*
第4章　関係遮断とPDCAサイクル ……………………………… *43*
　Ⅰ　PDCAサイクル ……………………………………………… *43*
　Ⅱ　留意事項の並べ替え ………………………………………… *44*
第5章　関係遮断とコンプライアンス ……………………………… *49*
　Ⅰ　反社会的勢力との関係遮断とコンプライアンスの関係 …… *49*
　Ⅱ　反社会的勢力対応と全社的なコンプライアンス態勢の整備 … *51*
　　1　コンプライアンス関連組織の概要 ………………………… *52*
　　2　コンプライアンス関連の手続・文書の体系 ……………… *56*

第3編　指針が求める内部統制システムの構築

第1章　統制環境 …………………………………………………… *63*
　Ⅰ　基本方針 ……………………………………………………… *63*
　　1　はじめに ……………………………………………………… *63*

2　「反社会的勢力との関係遮断」に関する文言の基本方針への
　　　　反映 ………………………………………………………………64
　　3　経営トップの宣言及び取締役会決議 …………………………64
　Ⅱ　取締役会、代表取締役のリーダーシップ …………………………68
　　1　経営陣によるリーダーシップの重要性 ………………………68
　　2　取締役会及び代表取締役のリーダーシップ …………………72
　Ⅲ　関係遮断プログラム …………………………………………………77
　　1　反社会的勢力との関係遮断プログラムの意義 ………………77
　　2　反社会的勢力との関係遮断プログラムの制定、実施、見直し
　　　　 …………………………………………………………………77
　　3　反社会的勢力との関係遮断プログラムの項目 ………………79
　Ⅳ　企業倫理規程、反社会的勢力対応規程 ……………………………82
　　1　はじめに …………………………………………………………82
　　2　企業倫理規程 ……………………………………………………82
　　3　反社会的勢力対応規程 …………………………………………85
　　4　その他対応を要する規程等 ……………………………………91
　Ⅴ　内部体制 ………………………………………………………………92
　　1　反社会的勢力対応担当取締役 …………………………………92
　　2　反社会的勢力対応部署 …………………………………………93
　　3　反社会的勢力対応担当者 ………………………………………97
　Ⅵ　暴力団排除条項 ……………………………………………………100
　　1　指針における暴力団排除条項の位置付け ……………………100
　　2　暴力団排除条項の役割と限界 …………………………………101
　　3　暴力団排除条項の作成にあたっての留意点と条項例 ………103
　　4　暴力団排除条項を導入するにあたっての留意点 ……………108
第2章　統制活動 ……………………………………………………………111
　Ⅰ　対応マニュアル及び予防マニュアル ……………………………111
　　1　不当要求対応マニュアル策定の意義 …………………………111
　　2　不当要求対応マニュアルの具体的内容 ………………………112
　　3　不当要求予防マニュアル策定の意義 …………………………119

4　反社会的勢力と取引関係を持たないようにするための
　　　　マニュアル………………………………………………………*120*
　　　5　攻撃型の不当要求を予防するためのマニュアル……………*124*
　Ⅱ　データベースの構築、利用………………………………………*126*
　　　1　データベース構築の目的………………………………………*126*
　　　2　反社会的勢力に関する情報……………………………………*127*
　　　3　情報の取得………………………………………………………*129*
　　　4　情報の利用………………………………………………………*133*
　　　5　情報の提供………………………………………………………*135*
　　　6　情報の保有………………………………………………………*136*
　Ⅲ　不当要求防止責任者講習の受講と社内研修……………………*137*
　　　1　研修の必要性……………………………………………………*137*
　　　2　研修の位置付け…………………………………………………*139*
　　　3　研修の対象者・内容……………………………………………*139*
　　　4　不当要求防止責任者講習………………………………………*143*
　Ⅳ　統制手続……………………………………………………………*151*
　　　1　基本方針・規程・マニュアルに従った対応を確保する
　　　　統制手続…………………………………………………………*151*
　　　2　場所長、反社会的勢力対応担当者による統制、承認、
　　　　チェック…………………………………………………………*154*
　Ⅴ　人事考課システム…………………………………………………*157*
　　　1　適切な人事考課システムの必要性……………………………*157*
　　　2　コンプライアンス意識を高める人事考課……………………*159*
　　　3　人事制裁のプロセス……………………………………………*162*
　　　4　人事制裁に関する規程等………………………………………*162*
　　　5　制裁手続…………………………………………………………*163*
　　　6　処分の社内発表…………………………………………………*164*
　　　7　違反行為の程度に応じた公平な処分…………………………*165*
第3章　報告と伝達の手順化………………………………………………*167*
　Ⅰ　連携の必要性・重要性……………………………………………*167*

Ⅱ　連携の具体的対応・内容 …………………………………… *168*
　　1　有事の際の連携 ………………………………………… *168*
　　2　平素からの連携 ………………………………………… *168*
　Ⅲ　有事の報告・伝達の手順化 ………………………………… *170*
　　1　意　　義 ………………………………………………… *170*
　　2　手順を定める規程・マニュアル ……………………… *170*
　　3　手順化する項目・内容例 ……………………………… *171*
　　4　手順化の担当部署とプロセス ………………………… *172*
　Ⅳ　役員及び従業員への周知徹底の必要性と方策 ………… *173*
　Ⅴ　モニタリングと評価・見直し …………………………… *174*
　　1　体制・手順について …………………………………… *174*
　　2　手順の遵守状況について ……………………………… *175*
　　3　内部監査部門によるモニタリングの実施 …………… *175*

第4章　モニタリング ……………………………………………… *177*
　Ⅰ　モニタリング活動の重要性 ……………………………… *177*
　Ⅱ　リスク管理部署又は各部門によるチェック …………… *178*
　　1　リスク管理部署による監視活動 ……………………… *178*
　　2　各部門による自己点検システム ……………………… *179*
　Ⅲ　内部監査部門による内部統制の監視・評価 …………… *183*
　　1　内部監査機能の意義 …………………………………… *183*
　　2　内部監査の対象 ………………………………………… *184*
　　3　内部監査部門の独立性 ………………………………… *184*
　　4　内部監査の権限と責任 ………………………………… *185*
　　5　反社会的勢力との対応に関する内部監査のプロセス ……… *185*

巻末付録──参考資料

資料1　反社会的勢力による被害防止のための内部統制システム
　　　　に係るチェックリスト ………………………………… *190*
資料2　企業が反社会的勢力による被害を防止するための指針 … *214*

資料3　企業が反社会的勢力による被害を防止するための指針
　　　　に関する解説 …………………………………………………218
資料4　企業行動憲章 ………………………………………………227
資料5　暴力追放運動推進センター所在一覧 ……………………229
資料6　弁護士会一覧 ………………………………………………231

第1編

指針の概要

第1章　企業が反社会的勢力による被害を防止するための指針作成の経緯とその目的

I　犯罪に強い社会の実現のための行動計画

　平成15年9月2日、閣議は、「世界一安全な国、日本」の復活を目指し、関係推進本部及び関係行政機関の緊密な連携を確保するとともに、有効適切な対策を総合的かつ積極的に推進するため、「犯罪対策閣僚会議」（以下「会議」という）の開催を決定した。この会議において、平成15年12月18日、水際対策をはじめとした各種犯罪対策の強化、犯罪の生じにくい社会環境の整備のための施策の推進、国民が自らの安全を確保するための活動の支援を柱として、「犯罪に強い社会の実現のための行動計画」（以下「行動計画」という）が策定された。行動計画は、犯罪対策の推進に関する政府の基本的な考え方を示した前文と、現下の犯罪情勢の特徴的傾向に即した5つの重点課題ごとに取りまとめられた総計148項目（重複項目を含む）の具体的な施策からなり、行動計画の策定後5年間を目途に、国民の治安に対する不安感を解消し、犯罪の増勢に歯止めを掛け、治安の危機的状況を脱することを目標とし、国民、事業者、地方公共団体等の協力を得つつ、各施策を着実に実施していくことを定めている。この中で、「犯罪情勢に即した5つの重点課題」のうち、第

4番目の重点課題は、「組織犯罪等からの経済、社会の防護」であるとされ、「市民の生活を脅かし、経済、社会の健全性を歪める暴力団等による組織犯罪の根絶が強く求められている。特に暴力団は、その存在が許されるべきものでないにもかかわらず、依然として、合法的な経済活動を装うなどして巧妙な資金獲得活動を行い莫大な利益を得ている」として、暴力団等に対する積極的な対策を講じる必要性を述べた上で、暴力団排除活動と行政対象暴力対策の推進等に積極的に取り組んでいくことが明言された。そして、そのための施策は、「関係機関・団体が緊密な連携を確保するとともに、国民の参加を得ながら、積極的な広報啓発活動を実施すること等により、社会における暴力団排除意識の高揚・定着を図り、暴力団等による各種業界や商取引への介入を阻止する」ことを内容とすると定めている。

Ⅱ 企業が反社会的勢力による被害を防止するための指針の策定・公表

平成18年6月20日、第7回会議において、行動計画を踏まえ暴力団対策検討チームを設置することが決議され、同年7月21日関係省庁申合せにより、暴力団犯罪等から経済や社会を防護するため、関係省庁が連帯し、公共事業からの暴力団排除、企業活動からの暴力団排除及び組織犯罪資金の剥奪等の暴力団の資金源に打撃を与えるための総合的な対策を検討するため、会議の下に「暴力団資金源等総合対策ワーキングチーム」(以下「ワーキングチーム」という)が設置された。ワーキングチームは、暴力団の資金源に打撃を与えるための総合的な対策につき検討を進め、平成18年12月19日、第8回会議において、公共事業からの暴力団排除の対策についての報告を行った。これを受けて、国土交通省は、各地方整備局に対して、平成19年3月2日付「地方整備局等が発注する建設工事からの暴力団員等による不当介入に対する措置について」(国官会

第1854号国地契第85号）を発して公共工事の請負者が、暴力団員等による不当介入を受けた場合には、警察への通報等及び発注者への報告を義務付け、これを怠った場合には、当該請負者に対して指名停止又は文書注意を行わなければならない旨を通達し、また、建設業界に対しても平成19年3月2日付「建設業からの暴力団排除の徹底について」（国総入企第59号）と題する書面により、暴力団員等からの不当要求又は工事妨害があった場合には、速やかに警察に通報するとともに、捜査上必要な協力に努めるよう通知した。この結果、現在、建設業界においては、官民において公共事業からの暴力団排除のための取組みがなされているところである。

さらに、ワーキングチームは、企業活動からの暴力団排除を徹底するため、「企業が反社会的勢力による被害を防止するための指針」案を作成した。政府は、これを受け、平成19年4月27日から同年5月31日までの間、上記指針（案）について意見の募集を行った。このような経緯を経て、「企業が反社会的勢力による被害を防止するための指針」（以下「指針」という）は、平成19年6月19日、会議の幹事会において申合せがなされ、公表された。また、「企業が反社会的勢力による被害を防止するための指針に関する解説」（以下「指針解説」という）も指針に併せて作成・公表されたのである。

Ⅲ　指針の目的

指針は、その前文において、近年、暴力団の不透明化や証券取引や不動産取引等の経済活動による資金獲得活動の巧妙化が見られるとし、暴力団排除意識の高い企業であったとしても、暴力団関係企業と知らずに結果的に経済取引を行ってしまう可能性があることから、暴力団をはじめとする反社会的勢力（＊1）との関係遮断のための取組みをより一層推進する必要があると述べる。また、反社会的勢力の排除は、企業にと

って、社会的責任（CSR）の観点から必要であり、反社会的勢力に対して屈することなく法律に則して対応することや、反社会的勢力に対して資金提供を行わないことはコンプライアンスそのものであること、さらには、反社会的勢力は、企業で働く従業員を標的として不当要求を行ったり、企業そのものを乗っ取ろうとしたりするなど、最終的には、従業員や株主を含めた企業自身に多大な被害を生じさせるものであることから、反社会的勢力との関係遮断は、企業防衛の観点からも必要不可欠な要請であると述べる。指針は、このような認識の下、企業が反社会的勢力による被害を防止する目的から基本的な理念や具体的な対応を取りまとめたものである。

> （＊１）指針には、暴力、威力と詐欺的手法を駆使して経済的利益を追求する集団又は個人である「反社会的勢力」をとらえるに際しては、暴力団、暴力団関係企業、総会屋、社会運動標ぼうゴロ、政治活動標ぼうゴロ、特殊知能暴力集団等といった属性要件に着目するとともに、暴力的な要求行為、法的な責任を超えた不当な要求といった行為要件にも着目することが重要である、との脚注が付されている。

Ⅳ　東京証券取引所の有価証券上場規程等の一部改正

　株式会社東京証券取引所は、指針の公表を受け、平成19年12月８日、警察機関との連携を強化し、当取引所の市場における反社会的勢力の不当な行為などの防止を図るべく、警視庁及び警察庁との間で反社会的勢力排除対策連絡協議会を設立した。また、平成20年２月４日、「反社会的勢力排除に向けた上場制度及びその他上場制度の整備に伴う有価証券上場規程等の一部改正について」と題する書面により、有価証券上場規程の一部を改正して、反社会的勢力の排除に向けた対応に関する、以下のような規程を制定することを公表した（平成20年２月６日から施行）。このように、指針が公表されたことにより、株式市場からの反社会的勢力の排除や上場企業における反社会的勢力との関係遮断が促進されるこ

ととなった。
　○企業行動規範への規定等
　　・企業行動規範に、上場会社は反社会的勢力による被害を防止するための社内体制の整備及び個々の企業行動に対する反社会的勢力の介入防止に努める旨を規定する。
　　・反社会的勢力排除に向けた上場審査の観点について明確化を図る。
　○コーポレート・ガバナンスに関する報告書における開示
　　・上場内国株券等及び当取引所を主たる市場とする上場外国株券等の発行者は、コーポレート・ガバナンスに関する報告書の開示項目の一つである「内部統制システムに関する基本的な考え方及びその整備状況」の一環として、反社会的勢力排除に向けた体制整備についての開示を行うものとする。
　○確認書制度の導入
　　・不適合な合併等にかかる猶予期間内に上場審査基準に準じた審査の申請を行う者は、幹事である取引参加者が作成した当取引所所定の確認書（＊2）を提出するものとする。
　（＊2）反社会的勢力との関係がないことを示す確認書。新規上場審査時、市場変更時及び一部指定審査時においては既に実施されていた。

V　金融庁による監督指針の一部改正

　金融庁では、平成20年3月26日、「主要行等向けの総合的な監督指針」、「中小・地域金融機関向けの総合的な監督指針」、「信託会社等に関する総合的な監督指針」、「保険会社向けの総合的な監督指針」、「少額短期保険業者向けの監督指針」、「金融商品取引業者等向けの総合的な監督指針」及び「貸金業者向けの総合的な監督指針」を一部改正したが、その改正においては、指針の公表を受けて、「反社会的勢力による被害の防

止」に関連する項目を盛り込んだ。

　「主要行等向けの総合的な監督指針」を例に挙げれば、「代表取締役は、断固たる態度で反社会的勢力との関係を遮断し排除していくことが、金融機関に対する公共の信頼を維持し、金融機関の業務の適切性及び健全性の確保のため不可欠であることを十分認識し、指針の内容を踏まえて取締役会で決定された基本方針を行内外に宣言しているか」を監督上の評価目として新たに設け（Ⅲ―1―2―1　監査役設置会社である銀行の場合（1）代表取締役⑥）、他にも指針の内容を反映した項目を数多く新設している。その他の監督指針においても同様である。

第2章 指針及び指針解説の構成

I　指針の構成

1　基本原則と基本的な考え方

　指針1項においては、反社会的勢力による被害を防止するため、次の5つの基本原則が掲げられている。
　○組織としての対応
　○外部専門機関との連携
　○取引を含めた一切の関係遮断
　○有事における民事と刑事の法的対応
　○裏取引や資金提供の禁止
　そして、指針2項（1）においては、上記基本原則がやや詳しく7項目に分けて展開され、反社会的勢力による被害を防止するための基本的な考え方として示されている。

2　平素からの対応

　指針2項（2）においては、平素からの対応として、次の6項目が示されている。
　○経営トップは、反社会的勢力による被害を防止するための基本方針を社内外に宣言し、その宣言を実現するための一連の取組みを行い、その結果を取締役会等に報告する。
　○反社会的勢力対応部署を整備し、同部署は、情報を一元的に管理・蓄積し、反社会的勢力との関係の一切の遮断のための取組みの支援、社内体制の整備、研修活動の実施、対応マニュアルの整備、外部専門機関との連携等を行う。
　○反社会的勢力とは一切関係をもたない。そのため相手方が反社会的勢力であるかどうかについて、常に、通常必要と思われる注意を払うとともに、何らかの関係を有してしまった場合には、速やかに関係を解消する。
　○契約書や取引約款に暴力団排除条項を導入するとともに、可能な範囲内で自社株の取引状況を確認する。
　○取引先や株主の属性判断等により被害を防止するため、反社会的勢力の情報を集約したデータベースを構築する。
　○外部専門機関との緊密な連携関係を構築する。都道府県の暴力追放運動推進センター（以下「暴追センター」という）、各種の暴力団排除協議会等が行う地域や職域の暴力団排除活動に参加する。

3　有事の対応（不当要求への対応）

　指針2項（3）においては、有事（不当要求がなされた場合）の対応として、次の5項目が示されている。
　○情報を速やかに反社会的勢力対応部署へ報告、相談し、さらに、速

やかに当該部署から担当取締役等に報告する。
○不当要求がなされた場合には、積極的に外部専門機関に相談するとともに、その対応にあたっては、暴追センター等が示している不当要求対応要領に従って対応する。
○代表取締役等の経営トップ以下、組織全体として対応し、あらゆる民事上の対抗手段を講ずるとともに、刑事事件化を躊躇しない。
○当該不当要求が、事業活動上の不祥事や従業員の不祥事を原因とする場合には、反社会的勢力対応部署の要請を受けて、不祥事案を担当する部署が速やかに事実関係の調査を行い、事実関係の適切な開示や再発防止策の徹底を行う。当該事実の存否にかかわらず、当該不当要求自体は拒絶する。
○反社会的勢力への資金提供は絶対に行わない。

4 内部統制システムと反社会的勢力による被害防止との関係

指針3項は、会社の取締役には、会社それぞれの規模、特性等に応じた内部統制システムを構築し、運用する義務があることを前提として、反社会的勢力による被害の防止は、業務の適正を確保するために必要な法令等遵守・リスク管理事項として、内部統制システムに明確に位置付けることが必要であるとする。

Ⅱ 指針解説の構成

指針解説は、次の13項目の説明から構成されている。
（1）指針の対象や法的性格
（2）反社会的勢力との関係遮断を社内規則等に明文化する意義
（3）不当要求の二つの類型（接近型と攻撃型）
（4）反社会的勢力との一切の関係遮断

（5）契約書及び取引約款における暴力団排除条項の意義
（6）不実の告知に着目した契約解除
（7）反社会的勢力による株式取得への対応
（8）反社会的勢力の情報を集約したデータベースの構築
（9）警察署や暴力追放運動推進センターとの緊密な関係
（10）警察からの暴力団情報の提供
（11）個人情報保護法に則した反社会的勢力の情報の保有と共有
（12）反社会的勢力との関係遮断を内部統制システムに位置付ける必要性
（13）内部統制システムを構築する上での実務上の留意点

第2編

指針が求める内部統制システム

第1章　関係遮断の意義

I　はじめに

　指針では、基本原則で「取引を含めた一切の関係遮断」が唱われ、基本的な考え方で、「反社会的勢力とは、取引関係を含めて、一切の関係をもたない。また、反社会的勢力による不当要求は拒絶する」と述べられている。

II　「反社会的勢力」の意義

　指針立案者の解説によると、「反社会的勢力に明確な定義はないが、暴力、威力と詐欺的手法を駆使して経済的利益を追求する個人または集団ととらえることができる。暴力団の活動が不透明化していることや、暴力団と共生する者が存在することを踏まえると、企業が反社会的勢力との関係遮断を進める上では、暴力団等の属性要件に着目するとともに、暴力的な要求行為、法的な責任を超えた不当な要求行為といった行為要件に着目して対応することが重要である」とされている（NBL864号62頁）。反社会的勢力を、暴力、威力、詐欺的手法を駆使して経済的利

益を追求する個人又は集団と定義し、その認定にあたって、属性要件のみならず、行為要件を重視するとなると、その範囲はかなり拡大されることとなる。反社会的勢力には、本物の暴力団から悪質なクレーマーまで含まれる可能性があり、企業はその強弱・濃淡に応じて対応策を考える必要があると思われる。ちなみに、指針では、反社会的勢力の例として、暴力団、暴力団関係企業、総会屋、社会運動標ぼうゴロ、政治活動標ぼうゴロ、特殊知能暴力集団等が挙げられており、平成16年度の組織犯罪対策要綱によれば、それぞれの定義は以下のとおりとされている。

○暴力団
　その団体の構成員（その団体の構成団体の構成員を含む）が集団的に又は常習的に暴力的不法行為等を行うことを助長するおそれがある団体

○暴力団関係企業
　暴力団員が実質的にその経営に関与している企業、準構成員若しくは元暴力団員が経営する企業で暴力団に資金提供を行う等暴力団の維持若しくは運営に積極的に協力し若しくは関与する企業又は業務の遂行等において積極的に暴力団を利用し暴力団の維持若しくは運営に協力している企業

○総会屋等
　総会屋、会社ゴロ等企業等を対象に不正な利益を求めて暴力的不法行為等を行うおそれがあり、市民生活の安全に脅威を与える者

○社会運動等標ぼうゴロ
　社会運動若しくは政治活動を仮装し、又は標ぼうして、不正な

利益を求めて暴力的不法行為等を行うおそれがあり、市民生活の安全に脅威を与える者

〇特殊知能暴力集団等
　以上に掲げる者以外の、暴力団との関係を背景に、その威力を用い、又は暴力団と資金的なつながりを有し、構造的な不正の中核となっている集団又は個人

Ⅲ　「取引を含めた一切の関係」の意義

　指針の画期的な点は、反社会的勢力との「一切の関係」遮断を唱った点にある。指針立案者の解説によると、「指針は、不当要求、経済的取引、株式の取得等企業が反社会的勢力に対応を迫られる事柄について」基本的な考え方や具体的な対応のあり方を明らかにした、とされる（金財58巻27号11頁）。「一切の関係」には、不当要求はもちろんとして、経済的取引、株式取得等あらゆる関係が含まれるのである。指針立案者の説明では、この経済的取引には、経済的合理性を有する取引が含まれるとのことであるから、継続的取引はもちろん、一回的取引、少額取引、さらには企業に有利な取引等すべての取引が含まれることとなる。

　後に述べるように、指針は反社会的勢力から企業を防衛するとともに反社会的勢力を社会から排除することをも目的としており、この目的を達するためには反社会的勢力とのあらゆる関係を遮断する必要があるのである。企業の業種・規模によっては「一切の関係」遮断が困難な場合（例えば、消費者取引、生活関連取引等）もあるとは思われるが、企業は指針が「一切の関係」の遮断を求めていることを正しく認識する必要がある。

　ところで、近時金融庁の監督指針に関して「金融庁の考え方」が示さ

れ、口座の開設等については「口座の利用が個人の日常生活に必要な範囲内である等、反社会的勢力を不当に利するものではないと合理的に判断される場合にまで、一律に排除を求める趣旨ではありません」とされた。暴対法は暴力団組織の存在を非合法化しておらず、憲法は暴力団員にも生存権を保障している。このような法体系を前提とし、それら法令との整合性を図るとすれば、国が反社会的勢力のライフライン取引を一律に否定できないことは致し方ない。しかしながら、だからといって、「反社会的勢力を不当に利するものではない」取引が一律に許容されたと考えるべきではない。指針は反社会的勢力を社会から排除することをも目的としており、そのためには反社会的勢力との「一切の関係」を遮断する必要があるのである。

　私的取引には私的自治が適用され、国と違って私企業は独自の判断で取引をし、取引をしない自由を有する。各企業が独自の判断で、反社会的勢力との「一切の関係」を遮断することは自由であり、指針も各企業に「一切の関係」の遮断を求めている。各企業は、指針の趣旨を正しく理解し、社会から反社会的勢力を排除するために、反社会的勢力との「一切の関係」を遮断すべきである。

Ⅳ　「遮断」の意義

　指針では、不当要求、経済的取引、株式取得のそれぞれの場面で次のような具体的な対応を求めている。

　不当要求に対しては、外部専門機関に相談すること、民事と刑事の両面から法的対応を行うこと、不祥事を理由とする場合であっても裏取引を絶対に行わないこと、反社会的勢力への資金提供は絶対に行わないことを求めている。

　経済的取引については、契約書や取引約款に暴力団排除条項を盛り込むことを求め、契約締結前は「契約自由の原則」に基づき、契約締結後

は暴力団排除条項や「信頼関係破壊の法理」に基づき、取引関係を解消するよう求めている。

　株式取得については、買収防衛策の一部として、買収者の属性情報の開示を求めることなどを提案している。

　指針では、「反社会的勢力とは、一切の関係をもたない。そのため、相手方が反社会的勢力であるかどうかについて、常に、通常必要と思われる注意を払うとともに、反社会的勢力とは知らずに何らかの関係を有してしまった場合には、相手方が反社会的勢力であると判明した時点や反社会的勢力であるとの疑いが生じた時点で、速やかに関係を解消する」とされている。企業の業態によっては、疑いのみでは関係を即刻解消することが困難な場合も想定されるので、即時の解消ではなく、速やかな解消が求められているのである。

　また、指針解説では、「反社会的勢力であると完全に判明した段階のみならず、反社会的勢力であるとの疑いを生じた段階においても、関係遮断を図ることが大切である。勿論、実際の実務においては、反社会的勢力の疑いには濃淡があり、企業の対処方針としては、①直ちに契約等を解消する、②契約等の解消に向けた措置を講じる、③関心を持って継続的に相手を監視する（＝将来における契約等の解消に備える）などの対応が必要となる」と述べられている。企業の業態、取引の内容、取引の期間、相手方の属性（暴力団員であるか、エセ右翼であるか等）、相手方の属性の疑いの濃淡など実際の取引は千差万別であり、その取引の実情に応じて「関係遮断」の手続、方法は柔軟に考えられる。ただ大事なことは、「可能な限り速やかに関係を解消する」ことであり、反社会的勢力であるとの疑いを生じた段階から関係解消に向けて努力を重ねることである。

V 「一切の関係遮断」の必要性

　指針は、暴力団のさらなる不透明化、資金獲得活動の巧妙化という状況を前提として、反社会的勢力を社会から排除していくことは、暴力団の資金源に打撃を与え、治安対策上極めて重要であるが、企業にとっても「社会的責任の観点から必要かつ重要なこと」である、反社会的勢力に対して屈することなく法律に則して対応することや、反社会的勢力に資金提供を行わないことは「コンプライアンスそのもの」である、不当要求や乗っ取りは、企業自身に多大な被害を生じさせるものであるから、反社会的勢力との関係遮断は「企業防衛の観点からも必要不可欠」であると述べている。また、指針立案者の解説によると、指針は「企業が反社会的勢力によって被る被害を防止するとともに、反社会的勢力を社会から排除することを目的としている」（金財58巻27号11頁）、指針を策定したねらいは、「企業が被害に遭うことを防止するとともに、……暴力団の資金源を封圧し、治安対策の実効をあげることにある」（NBL864号59頁）、とされる。

　まず指針では、コンプライアンスあるいは企業防衛という観点から、「一切の関係遮断」が求められている。不当要求に屈して反社会的勢力に資金を提供することはコンプライアンス違反であるし、通常の経済取引であっても、反社会的勢力と関係を続けることは不当要求、利益供与に発展する危険があるという意味で企業防衛の観点から望ましくない。

　企業対象暴力といった場合、古くは東海興業事件、第一勧業銀行事件、大和証券事件などのような利益供与事件や、佐川急便事件、興産信用金庫事件などのように企業トップと反社会的勢力の癒着が問題となった事件が多かった（関連裁判例については、本章末尾の**図表1**を参照）。ところが、最近では、丸石自転車事件、駿河屋事件、アドテックス事件などのように、新興上場企業や老舗企業を舞台に、反社会的勢力が企業の支配

権を握って企業を食い物にする事件が目立つ。蛇の目ミシン事件では、脅迫行為に屈した取締役にも法的責任の生ずることが明らかとされ、また、近時のコンプライアンス重視の風潮からすれば、反社会的勢力との関係継続はレピュテーショナルリスクも伴う。コンプライアンス、企業防衛という観点から見れば「一切の関係を遮断」すべきことは明らかである。

次に指針では、企業の社会的責任（CSR）という観点からも「一切の関係遮断」が必要かつ重要とされている。反社会的勢力の排除・撲滅は治安対策の一環であり、治安対策は本来警察の専管事項であるが、企業はCSRの観点から治安対策に協力することを求められるのである。日本経済団体連合会は平成19年4月に企業行動憲章の「実行の手引き」を改訂し、反社会的勢力との関係決別をより一層明確にした。平成16年以降、道路交通法、廃棄物処理法、貸金業規制法等に暴力団排除条項が整備され、平成19年3月には国土交通省が建設業界に対して反社会的勢力から不当要求を受けた場合には直ちに警察に通報することを求めた。各都道府県や都市再生機構は、公営住宅等からの暴力団排除を推進し、プロ野球界も暴排協議会を設置して球場からの暴力団排除を押し進めている。日本証券業協会は、証券保安連絡会を設置し、反社会的勢力に関する情報管理機関の創設を検討しているし、高速道路会社も協議会を設置して高速道路事業からの暴力団排除に努めている。

このように、暴力団排除のための法整備、あるいは暴力団排除活動はかつてない高まりを見せており、企業はこの時流を正しく認識する必要がある。平成19年12月、建設資材の性能を偽装したとして、ニチアス等のトップが相次いで引責辞任に追い込まれたが、その理由はCSR調達にあると言われている。企業において、今後より一層CSRが重視されることは明らかであり、企業はCSRの観点からも反社会的勢力との「一切の関係を遮断」しなければならないのである。

【図表1　関連裁判例】

事件名	事案の概要	裁判年月日
東海興業事件	中堅ゼネコンである東海興業の常務取締役が、かねてより株主総会対策や社内のトラブル処理を依頼していた総会屋から立替費用等の名目で金員の支払を要求されていたことから、同社が平成9年7月に会社更生手続開始申立てを行った際、代表取締役副社長らと共謀の上、隠匿されていた会社の現金などの中から合計5000万円を前記総会屋に供与したという事件。	東京地方裁判所平成10年8月26日判決・判例タイムズ1013号241頁
住友銀行青葉台支店事件	住友銀行青葉台支店の支店長らが、支店の顧客らから仕手筋への総額200億円に上る融資を媒介し、同支店の顧客4名に、ノンバンク等から借入れをさせた上、各自が50億円、総額が200億円という巨額の融資をさせ、出資法3条違反（融資の媒介）に問われた事案。	東京高等裁判所平成8年5月13日判決・判例タイムズ927号50頁
第一勧銀利益供与事件	第一勧業銀行の会長・頭取が、副頭取、審査担当役員、総務部担当者らと共謀の上、総会屋に対し、系列ノンバンクを使った迂回融資の方法により、平成6年から平成8年にかけて、52回にわたり、合計117億8200万円の金額を融資し、利益供与した事件。	東京地方裁判所平成11年9月6日判決・判例タイムズ1042号285頁

裁判所の判断等
当該常務取締役は、詐欺更正罪（旧会社更生法290条１項）に該当するとして、懲役２年、執行猶予４年の判決を言い渡された。判決においては、「東海興業においては、古くから裏金の捻出、使用が半ば公然のように行われるとともに、株主総会や会社内外で発生した諸々のトラブルに対し、総会屋らに報酬を支払う等して安易に対処してきたものであって、このような会社の体質が本件の温床となっていたことは否定できない」旨指摘された。
同支店長らには、懲役１年６月、執行猶予３年等の有罪判決を言い渡された。判決においては、「青葉台支店の支店長就任直後から支店の個人流動性預金が急激に減少し、これに苦慮した結果とはいえ、青葉台支店の顧客４名に、…巨額の融資をさせたものであり、これが発覚した場合には、銀行の社会的信用を失墜させ、経済的にも大きい損害をもたらしかねない、銀行の持つ公共的性格からも到底許容されるものではない行為にあえて及んだものであって、この点で強く責められるべきものがあること、しかも、現実にも、これが発覚し、銀行全体に対する社会の信頼を揺るがす等、本件が社会に与えた影響には大きいものがあること、さらに、本件で融資をさせた支店の顧客らと銀行との間では紛議が発生していることがうかがわれること等に徴すると、本件の犯情は芳しくなく、被告人の刑事責任を軽くみることはできない」旨指摘された。
元頭取らに対し、懲役９月、執行猶予５年等の判決が言い渡された。判決においては、「本件は、銀行の頭取、会長という最高幹部の指示により、副頭取、審査担当役員、総務部担当役員及び総務部関係者が関与した組織ぐるみの犯行である上、総会屋に対する直接の融資を避けて系列ノンバンクを使った迂回融資の方法により、長期間多数回にわたって反復累行され、融資額も一回につき数千万円から数億円という規模で行われ、これにより総会屋に巨額の金融の利益を受けさせたものであって、犯行態様は悪質というほかない。また、本件は、要するに、株主総会の議事を短時間で平穏に終了させるために、与党総会屋の協力を得る目的で敢行されたものであって、このような目的自体、総会屋との癒着を拡大し、株主総会の運営の健全性を著しく害するものであり、商法の理念を無視した被告人らの行為は、厳しい非難に値する。さらに、本件は、大手都市銀行である第一勧業銀行が、元総会屋で政財界のフィクサーであり、同銀行の歴代の最高幹部と親交のあったＢと長年にわたり不自然極まりない関係を続け、さらには、Ｂの愛弟子であるＡとも不自然な関係を継続させていた過程で惹き起こされたものであり、しかも、結果として、Ａへ融資された多額の資金によって、証券会社の不祥事をも生じさせたのであって、本件がもたらした社会的影響は誠に大きい」旨指摘された。

事件名	事案の概要	裁判年月日
大和證券事件	大和證券の副社長ら幹部6名が、共謀の上、大和證券の顧客で株主でもある総会屋に対し、株主総会の議事が円滑に終了するよう協力を得ることの謝礼の趣旨で、同総会屋の株式の売買で生じた損失を補てんするため、会社の計算において、平成7年に、前後52回にわたり、合計2億円相当の財産上の利益を提供・供与したとして証券取引法違反及び商法違反に問われた事件。	東京地方裁判所平成10年10月15日判決・判例タイムズ1000号340頁
神戸製鋼株主代表訴訟事件	神戸製鋼が、平成7年から平成9年にかけて、不正な経理処理で捻出した裏金を総会屋に提供したとして、同社の取締役の損害賠償責任が追及された事件。	和解で終結
蛇の目ミシン事件	仕手筋として悪名高い人物が、昭和61年ころから蛇の目ミシンの株式を大量に取得し、自ら取締役に就任した上、同社の株式を暴力団の企業舎弟に売却する、ヒットマンが来るなどと恐喝的言動を用い、同社をして約300億円の迂回融資を実行させる等した事件。同社の株主が、取締役に対し、株主代表訴訟を提起した。	最高裁判所平成18年4月10日判決・判例タイムズ1214号82頁、東京高等裁判所平成20年4月23日判決

裁判所の判断等
証券会社と同社の副社長ら幹部6名に対して、それぞれ罰金刑及び執行猶予付き懲役刑が言い渡された。判決においては、「被告人らは、本件各犯行により、被告会社の運営の健全性を損ない、被告会社と総会屋との癒着の関係を強めて反社会的勢力の活動を助長するとともに、証券業界や証券市場の公正性に対する社会一般の信用を著しく傷つけたものであり、本件各犯行の結果は重大である」旨指摘された。
取締役らが会社に対して3億1000万円を支払う、会社も同種事件の再発防止を目的とする社外の有識者を加えたコンプライアンス特別委員会を社内で新たに立ち上げ、コーポレートガバナンス推進に向けての決意表明を新聞に掲載する等を内容とする和解にて終結した。和解に際しては、裁判所より「訴訟の早期終結に向けての裁判所の所見」が示され、「神戸製鋼所のような大企業の場合、職務の分担が進んでいるため、他の取締役や従業員全員の動静を正確に把握することは事実上不可能であるから、取締役は、商法上固く禁じられている利益供与のごとき違法行為はもとより大会社における厳格な企業会計規制をないがしろにする裏金捻出行為等が社内で行われないよう内部統制システムを構築すべき法律上の義務がある」「企業のトップとしての地位にありながら、内部統制システムの構築等を行わないで放置してきた代表取締役が、社内においてなされた違法行為について、これを知らなかったという弁明をするだけでその責任を免れることができるとするのは相当でないというべきである」旨指摘された。
第1審、第2審は、取締役が暴力的な脅迫行為により冷静な判断ができなかったことはやむをえない等として、取締役の責任を否定した。しかし、最高裁は、警察に届け出る等の適切な対応をすることが期待できないような状況にあったということはできない等としてこれを破棄し、取締役らの負担すべき損害額、利益供与額等について審理を尽くさせるため高裁に差し戻した。 　差し戻し後の高裁判決は、「警察に届け出るなど適切な対応をすべきで、過失は否定できない」「元代表に対する対応はあまりにも稚拙で、健全な社会常識とかけ離れていた」等とし、合計約583億円の支払いを命じた（報道による）。

事件名	事案の概要	裁判年月日
佐川急便事件	東京佐川急便（もと渡辺運輸。1974年に佐川急便と業務提携）の代表取締役が、平成元年12月から平成3年3月にかけて、組織暴力団最高幹部の支配する企業等に、多額の直接融資と金融機関の融資に対する連帯保証を繰り返す中、そのほとんどが挫折して経営が行き詰まっていたにもかかわらず、これが露見して経営責任を追及されることを慮る等してさらに債務保証・直接融資等を行い、東京佐川急便に総額約400億円の損害を負わせた事件。	東京地方裁判所平成8年3月22日判決・判例タイムズ939号261頁、東京高等裁判所平成13年4月26日判決・判例タイムズ1077号288頁
リキッドオーディオ・ジャパン事件	東証マザーズ（平成11年開設）第1号の上場案件であるリキッドオーディオ・ジャパン社（音楽配信業）について、代表者が暴力団関係者との関係を有し、同社の役員を誘拐、監禁した等として逮捕された事件。	最高裁判所平成15年5月21日（報道等による）
西武鉄道利益供与事件	西武鉄道が、平成13年ころ、総会屋の関係する会社に対し、同社の子会社を通じて所有土地を実勢価格よりも安値で売却して転売させることで約8800万円の利益を得させたところ、同行為が利益供与に該当するとして起訴された事件。	東京地方裁判所平成16年8月10日等（報道等による）
日本信販利益供与事件	信販会社大手の日本信販が、株主総会対策費として3年間で約2800万円を総会屋に提供したとされる事件。	東京地方裁判所平成15年3月26日（報道等による）
興産信金事件	中堅信金である興産信用金庫が、暴力団の関係会社に約4億円を不正に融資したとして、同信金の会長らが背任罪に問われた事件。	東京地方裁判所平成19年1月29日（報道等による）

裁判所の判断等
元代表取締役は特別背任罪で起訴され、懲役7年の実刑判決。高裁の判決文では、「宅配物など小口の荷を広く取り扱うことで公共性があり、全国的に知名度が高い、有力な運送会社が、広域暴力団の最高幹部と深いつながりをもち、相当期間にわたり、多数回、巨額の資金を融通してその活動を助長し、また、社長である被告人の思惑から、政治家との間を取り持つ等していたことが明るみに出て、社会一般に大きな衝撃を与えた点で、単なる営利会社をめぐる財産犯罪の枠を超えた事件であって、厳しい非難を免れない」旨指摘された。
同代表者は、懲役3年の実刑判決を受け確定した。
西武鉄道側より専務ら複数の逮捕者を出し、執行猶予付きの有罪判決が下された。
東京地裁は、平成15年3月26日、日本信販の元専務ら4人に対し、懲役10月から1年、執行猶予各4年の判決を言い渡し、「利益供与を長年放置した日本信販の経営姿勢が事件の温床となった」旨指摘した。報道によれば昭和62年ごろ、外部からの指摘で利益供与などをいったんは全面的に打ち切ったが、担当者への嫌がらせや脅迫がつづき、数ヵ月で関係を復活したとされる。
同信金前会長らに対し、東京地裁は平成19年1月29日、懲役3年、執行猶予4年（求刑・懲役3年）を言い渡し、「暴力団関係者に毅然（きぜん）とした態度をとらなければならない社会的責任があるのに、これを果たすどころかえって資金援助し、責任は重大」である旨指摘した。同暴力団関係者に過去にスキャンダルをもみ消してもらった経緯もあると言われている。

第2章　関係遮断のための内部統制システム

I　会社法と内部統制システム構築義務

1　裁判例における内部統制システム構築義務

　企業の事業活動は、その種類、性質、規模に応じて様々なリスクを伴うものであり、裁判例においても、信用リスク、市場リスク、流動性リスク、事務リスク、システムリスク等が例示されている（＊1）。ひとたび、これらリスクが顕在化すれば会社に重大な損失をもたらすばかりか、不祥事に発展して証券市場からの撤退や経営破綻を余儀なくされるおそれもある。

　そこで、取締役は、一時的な経営効率ばかりに目を向けるのではなく、各種リスクの状況を正確に把握して適切に制御すること、いわゆる「リスク管理」により、経営の健全性を維持しなければならない。経営の効率性と健全性をバランス良く維持するための仕組みが「内部統制システム」と考えられている。

　大和銀行株主代表訴訟事件では、海外支店行員の無断取引によって約11億ドルの損失が発生したことに関し、大和銀行の代表取締役らが、行

員の不正行為を防止して損失の拡大を最小限にとどめるための内部統制システムを構築すべき義務を負担するか否かが争われた。大阪地方裁判所は、リスク管理を「会社経営の根幹」と位置付けた上で、「会社が営む事業の規模、特性等に応じたリスク管理体制（いわゆる内部統制システム）を整備することを要する」とし、取締役は善管注意義務及び忠実義務の一内容として、内部統制システムに関する以下の義務を負担すると判示した（＊1）。

① 代表取締役及び業務担当取締役は、取締役会が決定した大綱を踏まえ、担当部門におけるリスク管理体制を具体的に決定する義務を負う。

② それ以外の取締役は、取締役会の構成員として代表取締役及び業務担当取締役が①の義務を履行しているか否かを監視する義務を負う。

以後の裁判例でも、取締役は、効率的かつ健全な会社経営のため、事業の規模・特性等に応じた内部統制システムを構築・整備する義務を負担するという考え方が踏襲されており、学説上も異論を見ない。

（＊1）大阪地判平12・9・20判タ1047号86頁。

2　内部統制システムに関する会社法上の取扱い

(1)　内部統制システムに関する立法

前記のとおり、内部統制システム構築義務が裁判上認められたことに加え、大型の企業不祥事への反省から健全経営への意識が高まったことを背景に、商法特例法は、平成14年改正で委員会等設置会社における内部統制システム構築義務を明文化した（旧商特21条の7第1項2号、旧商規193条）。そして、会社法は、大会社及び委員会設置会社において、内部統制システムの構築の基本方針が決定されなければならないと定めた（会348条4項・362条5項・416条2項）。これらは、裁判上認められた内部統

制システム構築義務の立法化・制度化と考えられる。

(2) 会社法所定の内部統制システム構築義務
(a) 内部統制システムの具体的内容

会社法は、「内部統制システム」を「取締役の職務の執行が法令及び定款に適合することを確保するための体制」及び「その他株式会社の業務の適正を確保するために必要な体制」と定義し、後者については会社法施行規則が次のとおり定めている（会規98条・100条・112条）。

① 効率性確保のための体制
② 健全性確保のための体制

　　取締役（執行役）の職務の執行に係る情報の保存及び管理に関する体制、損失の危険の管理に関する規程その他の体制、使用人の職務の執行が法令及び定款に適合することを確保するための体制。

　　なお、会社法は、親子会社等企業集団における業務の適正を確保するための体制も求めている。

③ 監査役設置会社とそれ以外に場合分けし、前者については実効性・独立性が担保された監査体制、後者については取締役から株主への報告体制に関する規定が置かれている。

(b) 「構築」の意味

会社法は、大会社及び委員会設置会社の事業活動が社会に与える影響の大きさに鑑み、取締役会に内部統制システム構築に関する事項を決定する義務を課した（会362条5項・416条2項）。ただし、決定すべき事項は、「体制」そのものではなく「体制の整備（構築の基本方針）」についてである。立法担当者は、効率的かつ健全な会社経営のための体制は事業の規模・特性等に応じて千差万別であり、各会社が実情を踏まえて適切に策定すべきであるという考え方に立脚している。例えば「内部統制システムを設けない」という決定も場合によっては許されると解されている。

以上のとおり、内部統制システムの整備に関していかなる決定をする

かは、各会社の経営判断に委ねられているが、取締役が自社の実情に合った内部統制システムを整備していない場合には善管注意義務及び忠実義務の違反として任務懈怠責任を問われる可能性がある。

II　内部統制システムに組み込む際の視点

1　不当要求に対する企業が陥りやすい誤った対応

(1)　不当要求行為の特質

　反社会的勢力からの不当要求は、暴力行為や担当者の生命・身体及び企業の信用に関する脅迫行為を伴うことが多い。また、商品の欠陥、サービスの手落ちや役員・従業員の不祥事が攻撃材料とされる。

　このような不当要求を受けると、その対応に慣れていない担当者は、まずもって大きな不安や恐怖心を抱くとともに、不当要求の存在自体を表沙汰にすることが会社にとって大変不名誉なことと考えてしまう。

(2)　「内部の敵」の存在

　担当者の上司が、反社会的勢力からの不当要求を敢えて問題化せず安易に解決しようという意向を持っている場合、担当者は不当要求者と上司との間で板挟みの状況に追い込まれる。この状況は、直属の上司ばかりでなく、社長等経営者側の人間までもがこのような意向を持っている場合にますます強まる。実際上、これら強力な「内部の敵」を前にして、その意向に逆らってでも不当要求に毅然とした対応をとることができる担当者は、まずいないと思われる。

(3)　企業の誤った対応

　反社会的勢力からの不当要求を毅然と拒否・拒絶すべきであるという考え方は、これまでも企業倫理規程等により、従業員に周知徹底されて

きたところである。しかし、前記のとおり担当者に心理的な障害が生じ、不当要求を毅然と拒否・拒絶するどころか、裏取引や関係者限りでの隠ぺいが往々にして行われてきたと考えられる。

2　内部統制システムへ組み込むにあたってのポイント

　指針は、反社会的勢力との取引を含めた一切の関係遮断と裏取引の禁止を基本原則として掲げ、これらを実現するための内部統制システムの構築を各企業に求めている。その際のポイントは、以下のとおりである。

(1)　経営トップの姿勢

　まず、経営トップが、率先垂範して反社会的勢力との一切の関係遮断に取り組む姿勢を示すことである。具体的には、反社会的勢力との関係が、会社に損失をもたらしかねないリスクであり、リスク管理・法令遵守に関わる重大問題であると認識する。その上で、経営トップが、会社組織をあげて関係遮断の問題に取り組むと内外に宣言することが重要である。

　いったん宣言した以上、その懈怠・違反は経営トップの法的責任にもつながりうることから、経営トップ自らがこの問題に真剣に取り組むことになる。そして、すべての役員・従業員のベクトルが反社会的勢力との関係遮断へ向けば、「内部の敵」は存在せず、担当者の判断を誤らせる余計な圧力が働くことはない。むしろ、反社会的勢力に対して会社組織一丸となって立ち向かうことになり、当該担当者だけを「孤立」させず、同人に対して毅然とした対応をとるための勇気を与えることになる。さらに、対外的にも、反社会的勢力と無関係なクリーンな企業イメージをアピールすることができる。

　昨今の金融商品取引法のもとでの内部統制の構築において「文書化」が強調され、とかくルールやマニュアルづくりが優先される弊害が見受

けられる。往々にして本部は現場を理解することを忘れて規程、ルールづくりに腐心し、ひたすらこれらを現場に通達するだけというケースも多いと聞く。これでは、内部統制システムが単なる書類づくりに堕ち、リスク管理・法令遵守のための様々な社内規程、その徹底のためのマニュアル、そのチェックのためのマニュアル、チェックしているかどうかを確認するルールが自己増殖的に積み上がるだけである。あげく問題が発生すればさらに社内規程やマニュアルが増やされるという「限界なきマニュアル地獄」に落ちこむ危険性も指摘されている。このようなうわべだけの内部統制システムでは、前述の担当者の心理的な抵抗感を払拭することはできず、反社会的勢力との関係遮断という実をあげることはできない。担当者に毅然とした対応をとらせるための、心からの動機付けのために、経営トップ自らが関係遮断の意思を明確にするというリーダーシップの下で内部統制システムが構築されることが必須である。

(2) 会社内のすべての個人を対象とするシステムの構築

不当要求は、営業部門や顧客対応部門の従業員に限らず、社内の誰に対してもなされる可能性がある。反社会的勢力はどこから攻めてくるかわからない。むしろ攻めやすい場所から攻めるというのが実情であろう。そうだとすれば、不当要求を受けた先が社内の誰であっても、いち早くその被害事実が社内で共有化され対応策が検討できるようにするために、全社的・網羅的なシステムが構築されなければならない。

また、このように被害事実が社内で共有化され「見える化」されれば、複数人が被害内容・対応方針等を確認することになり、この事実上の二重三重のチェック体制によって担当部署内や直属上司との間での「共謀」による隠ぺい行為や裏取引を防止することも可能となる。

(3) 行動基準化

指針も指摘するとおり、反社会的勢力からの不当要求に対応するには、

警察や弁護士をはじめとする外部専門機関との連携が必要不可欠である。また、担当者の恐怖心を取り除くため、処理手順には役員及び従業員のセキュリティ確保の視点も盛り込むべきである。これらを踏まえた処理手順をあらかじめ社内で検討・策定しておくことにより、不当要求行為対応という「非日常的な業務」の担当者の経験不足を補うことができる。

3 システム構築に対する長期的視点

　内部統制システム構築の際に考えなければならないことは、「システムは絶対的な安全を保証するもの（『完全解』）ではなく」「一度構築しておけば未来永劫リスクの発生を防止できるという訳ではない」ということである。会社の業種や規模等が変化すれば、当然、不当要求行為の形式や内容も変化するであろうし、手口の流行り、廃りもあろう。また、反社会的勢力も何とか不当要求を飲み込ませようと、手を変え品を変え企業にアプローチしてくることが考えられる。そうだとすれば、いったん構築したシステムに安住することなく、現状のシステムの効果を定期的に確認し、必要に応じて改善・改良を加えていく姿勢が求められる。システム構築作業を動的なものとしてとらえ、いわゆる「PDCAサイクル」（**本編第4章**参照）に則ったものになっていることが重要と考える。

第3章　関係遮断とCOSOフレームワーク

I　経営判断の原則とCOSOフレームワーク

　会社法上、どのような内部統制システムを構築すれば取締役等において善管注意義務や忠実義務を果たしたと言えるかについては、大和銀行株主代表訴訟事件判決（＊1）でも示されているように、本来的には、いわゆる経営判断の原則の適用場面として、経営者に広い裁量が認められている。もっとも、経営者のかかる裁量も、上記判決が示すように、具体的な法令に違反することは認められておらず、あくまで、経営者の判断は、慎重な調査や情報収集等を行った上で、かつ、当時の状況に照らし、通常の経営者として合理的なものでなければならないと考えられている。

　この点、指針解説（1）に「（筆者注：指針には）法的拘束力はないが、本指針策定後、例えば、取締役の善管注意義務の判断に際して、民事訴訟等の場において、本指針が参考にされることなどはあり得るものと考えている」とあることに鑑みれば、経営者は、反社会的勢力との関係遮断態勢の構築にあたって、指針の内容を十分踏まえた合理的な判断を行うことが肝要であると考えられる。そして、指針では、後記IIのように、

反社会的勢力との関係遮断に係る内部統制システムについて、いわゆるCOSOフレームワークにおける構成要素ごとの留意事項が示されている。

　ここで、COSOフレームワークとは、平成4年に米国のトレッドウェイ委員会支援組織委員会（COSO：the Committee of Sponsoring Organizations of the Treadway Commission）が公表した「内部統制の統合的枠組み（Internal Control - Integrated Framework）」という報告書（COSO報告書）でのフレームワークのことである。今日、COSOフレームワークは、内部統制のフレームワークに関する事実上の世界標準として知られており、本指針に限らず、これをベースに対象や範囲をカスタマイズした様々な指針が各国・各分野で公表されており、例えば、日本では、金融商品取引法における「財務計算に関する書類その他の情報の適正性を確保するための体制」に係る一般に公正妥当な評価・監査基準である「財務報告に係る内部統制の評価及び監査の基準並びに財務報告に係る内部統制の評価及び監査に関する実施基準の設定について」（企業会計審議会、平成19年2月15日）などがある。

　COSO報告書では、内部統制を、①業務の有効性と効率性、②財務報告の信頼性、そして③関連法規の遵守（コンプライアンス）という目的を達成するために、合理的な保証を提供することを意図した、取締役会、経営者及びその他の職員によって遂行されるプロセスと定義付けている。

　また、COSOフレームワークでは、内部統制の構成要素として、ア．統制環境、イ．リスク評価、ウ．統制活動、エ．情報と伝達、オ．監視活動（モニタリング）の5つを挙げ、これらを内部統制の有効性を評価する際の基準として位置付けている（**図表1**参照）。

　（＊1）大阪地判平12・9・20判タ1047号86頁。

【図表1　COSOフレームワークのイメージ図】

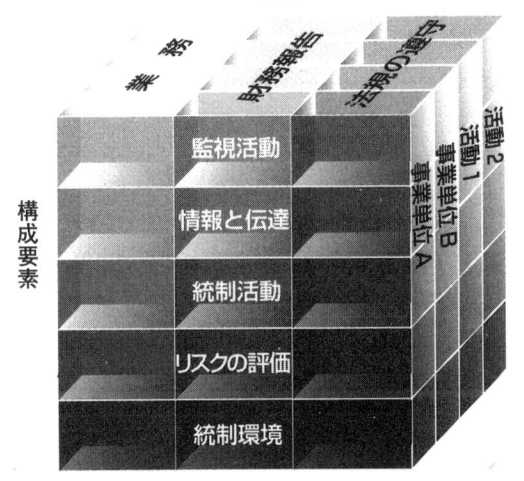

（COSOキューブの図：目的（業務、財務報告、法規のCOS）、構成要素（監視活動、情報と伝達、統制活動、リスクの評価、統制環境）、事業単位A・B、活動1・2）

【出典】トレッドウェイ委員会組織委員会報告、鳥羽至英ほか共訳『内部統制の統合的枠組み―理論篇』27頁（白桃書房、1996）

Ⅱ　反社会的勢力との関係遮断とCOSOフレームワーク

指針解説（13）では、反社会的勢力との関係遮断を内部統制システムに位置付けるに際して、上記構成要素ごとの留意事項を、以下のように記している。

ア．統制環境
- 経営トップが、反社会的勢力との関係遮断について宣言を行う。
- 取締役会において、反社会的勢力との関係遮断の基本方針を決議する。
- 企業倫理規程等の中に、反社会的勢力との関係遮断を明記する。
- 契約書や取引約款に暴力団排除条項を導入する。
- 反社会的勢力との関係遮断のための内部体制を構築する（例えば、

専門部署の設置、属性審査体制の構築、外部専門機関との連絡体制の構築等）。
- イ．リスク評価
  - ・反社会的勢力による不当要求に応じることや、反社会的勢力と取引を行うことは、多大なリスクであることを認識し、反社会的勢力との関係遮断を行う。
  - ・特に、事業活動上の不祥事や従業員の不祥事を理由とする不当要求に対して、事案を隠ぺいするための裏取引を行うことは、企業の存立そのものを危うくするリスクであることを十分に認識し、裏取引を絶対に行わない。
- ウ．統制活動
  - ・反社会的勢力による不当要求への対応マニュアルを策定する。
  - ・不当要求防止責任者講習を受講し、また、社内研修を実施する。
  - ・反社会的勢力との関係遮断の取組みについて、適切な人事考課（表彰や懲戒等）を行うとともに、反社会的勢力との癒着防止のため、適正な人事配置転換を行う。
- エ．情報と伝達
  - ・反社会的勢力による不当要求がなされた場合には、直ちに専門部署へその情報が集約されるなど、指揮命令系統を明確にしておく。
  - ・反社会的勢力の情報を集約したデータベースを構築する。
  - ・外部専門機関への通報や連絡を手順化しておく。
- オ．監視活動（モニタリング）
  - ・内部統制システムの運用を監視するための専門の職員（リスク・マネージャーやコンプライアンス・オフィサー等）を配置する。

多少補足すると、「統制環境」とは、組織の気風を決定し、組織内のすべての者の統制に対する意識に影響を与えるとともに、他の構成要素の基礎となるものである。反社会的勢力との関係遮断を徹底する企業の気風を醸成することは経営陣の役割と責任であり、留意事項として、ま

さに経営管理（ガバナンス）の発揮に係るものが挙げられている。

　また、指針解説（13）において、「特に、リスク評価の部分は、重点的に管理すべき項目である点に留意する必要がある」とあるように、各企業において、上記の留意事項を含む反社会的勢力との関係遮断態勢を効果的に構築するためには、その前提として、当該企業の業務規模、内容、特性等を踏まえた、「反社会的勢力との関係リスク」を幅広く認識した上で、その評価、すなわち発生可能性・頻度や影響の大きさなどを的確に分析・把握することが肝要である。具体的な態勢内容については、このようなリスク評価を踏まえた各社の創意工夫が望まれるところであり、そのために他社の態勢を参考とすることは有益である一方、自社にそのまま移植するようなことは厳に慎まなければならない。

　また、「モニタリング」においては、指針にある専門部署職員による日常的なもののほかに、内部監査部門、すなわち、日常業務から独立して内部統制システムの整備・運用状況を検証・評価して、内部統制の改善に関して助言し、勧告すること等を業務とする部門によるチェック・モニタリングも非常に重要となってくる。

第4章　関係遮断とPDCAサイクル

I　PDCAサイクル

　指針で、「取締役は、善管注意義務として……内部統制システムを……運用する義務があると解されている」とあるように、反社会的勢力との関係遮断態勢は、規程やマニュアル等を策定・配布し、また、専門部署や担当者等を設置すれば足りる静的なものではない。むしろ、これら規程等や組織体制の下、管理業務が業務部門や営業店等の現場できちんと実施され、また、モニタリング等により態勢内容の有効性や実施状況の評価、態勢の改善が行われるよう動的なものとする必要がある。
　このような動的な態勢を指向するには、例えば、上記留意事項を「PDCAサイクル」に則って整理することが考えられる。
　ここでPDCAサイクルとは、典型的なマネジメントサイクルの一つで、計画（Plan）、実行（Do）、評価（Check）、改善（Act）の頭文字を取ったもので、品質管理のデミング賞で著名なデミング博士らが提唱したことで知られている。
　このプロセスを順に実施し、最後のActでは、Checkの結果から、最初のPlanを継続（定着）・修正・破棄のいずれかとして、次回のPlan

【図表1　PDCAサイクル】

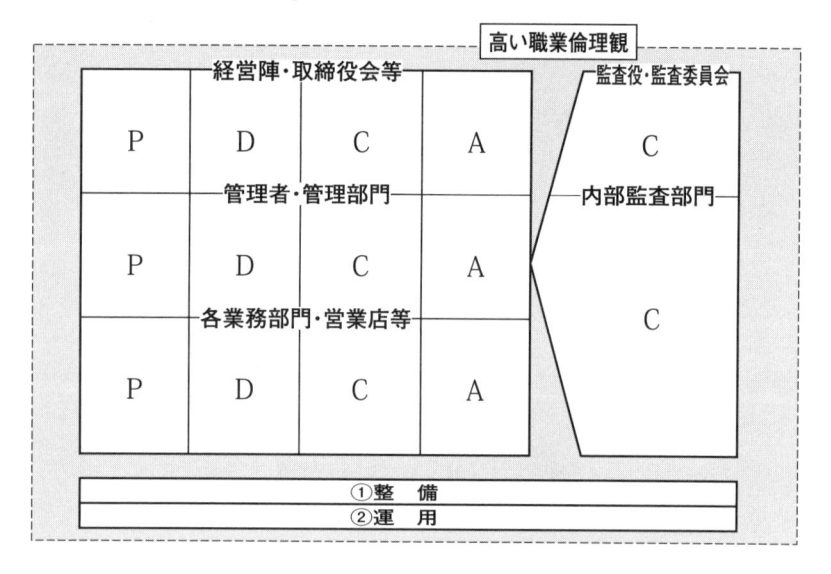

				高い職業倫理観	
	経営陣・取締役会等			監査役・監査委員会	
P	D	C	A	C	
	管理者・管理部門			内部監査部門	
P	D	C	A		
	各業務部門・営業店等			C	
P	D	C	A		
①整　備					
②運　用					

に結び付ける、この一連のプロセスによって、品質の維持・向上及び継続的な業務改善活動を推進するマネジメント手法のことをPDCAサイクルという（**図表1**参照）。

　PDCAサイクルの考え方は、製造プロセス品質の向上や業務改善などに広く用いられ、例えば、ISO9001やISO14001などのマネジメントシステム、また、企業会計審議会の「財務報告に係る内部統制の評価及び監査の基準並びに財務報告に係る内部統制の評価及び監査に関する実施基準の設定について」（平成19年2月15日）や金融庁の「預金等受入金融機関に係る検査マニュアル」（平成19年2月16日改訂）などに採り入れられている。

Ⅱ　留意事項の並べ替え

　反社会的勢力との関係遮断態勢に係る**本編第3章Ⅱ**の留意事項を

PDCAで並べ替え、また多少の補充等をしてみると、例えば、以下のように整理することができる。

ア．計画（Plan）
　(a)　基本方針
　(b)　コンプライアンス・プログラム（＊１）

イ．実行（Do）
　(a)　体制整備
　・統括部門（反社会的勢力対応部署）の設置、コンプライアンス・オフィサーや担当者（不当要求防止責任者）の配置等の関連組織の整備
　・暴力団排除条項、情報収集・活用・管理（反社データベースの構築・属性審査）、研修、連絡・報告・連携等、監督・指導、モニタリング、内部通報、人事考課等の関連制度及びシステムの整備
　・組織、業務分掌、職務権限、賞罰等の上記組織・制度に関連する内部規程の整備
　(b)　ルール策定
　・倫理規程
　・コンプライアンス・マニュアル
　・関連業務マニュアル（不当要求対応マニュアル等）
　(c)　研修等による役員及び従業員等への周知徹底
　(d)　運用・取組み
　(e)　指導・監督
　(f)　違反行為等の報告、調査、懲罰

(補足説明)
　・役員及び従業員による運用・取組みがなされなければ意味がない(d)。
　その前提として、

・コンプライアンス推進のための体制整備(a)
・遵守対象ルール及び遵守手順の明確化(b)
・研修等による周知徹底(c)

が必要。

　また、運用・取組みをより確実なものとするため、

・指導・監督(e)
・違反行為等に対する厳正な懲罰(f)

を行う。

　ウ．評価（Check）
　　チェック・モニタリング

　エ．改善（Act）
　　業務内容や法令等の変更・改正、違反行為等の再発防止、又はチェック・モニタリング等に伴う、体制やルール（及び基本方針やコンプライアンス・プログラム）等の変更・修正

　このように反社会的勢力との関係遮断態勢は、PDCAサイクルに則り、構築後の運用において継続的な改善・強化が行われ、その確立が図られることが強く望まれる。

　なお、**図表２**は、本編第３章及び第４章をまとめたものとなる。

（＊１）内部規程等や組織体制の整備計画・役員及び従業員の研修計画等、コンプライアンスを実現させるための具体的な実践計画をいう。

【図表2　COSO体系とPDCA】

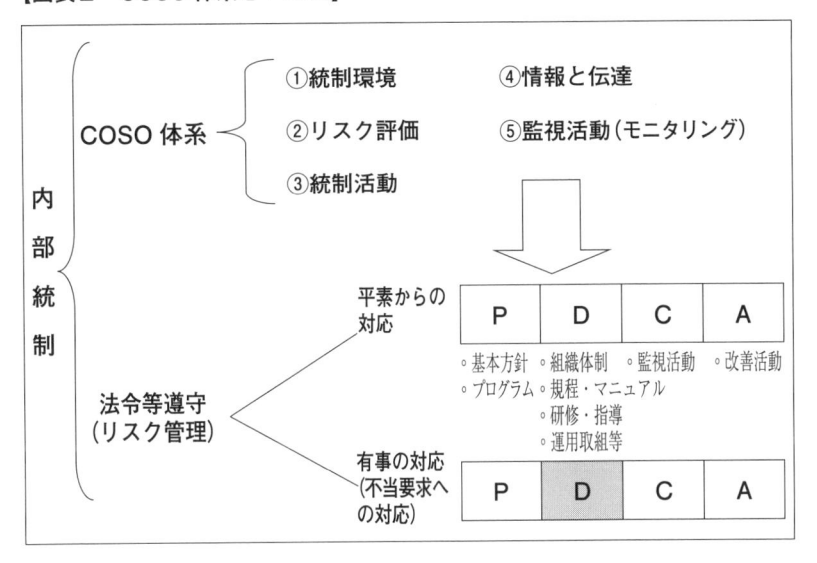

- 内部統制
  - COSO体系
    - ①統制環境
    - ②リスク評価
    - ③統制活動
    - ④情報と伝達
    - ⑤監視活動(モニタリング)
  - 法令等遵守
(リスク管理)
    - 平素からの対応： P D C A
      - ◦基本方針　◦組織体制　◦監視活動　◦改善活動
      - ◦プログラム　◦規程・マニュアル
      - ◦研修・指導
      - ◦運用取組等
    - 有事の対応
(不当要求への対応)： P **D** C A

第5章　関係遮断とコンプライアンス

I　反社会的勢力との関係遮断とコンプライアンスの関係

　指針前文では、「社会的責任の観点から」、「反社会的勢力に屈することなく法律に則して対応する」こと、「資金提供を行わない」ことは、「コンプライアンスそのもの」と記されている。では、社会的責任の観点から、反社会的勢力に屈することなく資金提供を含めた関係遮断を行うことが、なぜコンプライアンスそのものなのであろうか。まず、この点を正確に理解しておく必要があろう。でないと、指針を法令に準じた規制と誤認し、指針遵守があたかもコンプライアンスであるかの如き誤解に陥る可能性があるからである。
　まずコンプライアンスの本質的意義から確認しておきたい。コンプライアンスは、「法令遵守（順守）」と呼ばれることが多い。法律を守ること、もしくは、守らせることがコンプライアンスだと認識されている。しかし、コンプライアンスを法令遵守とだけ理解することは間違っている。「法令」を「遵守」することは、至極当然の命題であって、コンプライアンスを法令遵守と呼んだところでここに意味ある内容は含まれな

いからである。

　では、本質的にコンプライアンスをどう理解すべきか。元来、コンプライアンス（英語 compliance comply の名詞形）の意味は、「何らかの要請に従うこと」である。さらに comply の語源に遡ってみると、ラテン語の compléreｒ 「満たすこと」「調和すること」であるとされている。これを企業活動に当てはめてみると、当該企業が社会に存続可能な条件である社会からの要請を満たすこと、社会と調和することであり、企業から見れば、各企業が確立した経営理念、経営倫理、行動指針（規範）などの啓蒙、周知徹底を意味するものと言える。昨今、コンプライアンスが、企業経営の重要な要素の一つとして語られるのも、こうしたコンプライアンスの本質的な意味が理解されつつある結果である。

　このようにコンプライアンスの持つ本質的な意義は、
- ■企業が存続し続けるために社会の要請、信頼に応えること
- ■そのために企業が独自につくりあげた倫理基準等を遵守すること
- ■倫理基準遵守のための全社的な仕組みをつくり上げること

にあると言える。企業活動において、法令は当然に達成されるべき結果ではあっても、直接的にコンプライアンスの目的となるものではない。コンプライアンスとは、あくまでも企業が有する経営理念に立脚した倫理規範を徹底すること、そのための仕組みづくりと理解すべきである。

　本来、企業はそれぞれの経営理念や倫理基準に照らして反社会的勢力との関係遮断やその程度を考えなければならない。指針は、反社会的勢力との関係遮断を軸とした全社的内部統制システムづくりを強く求めているが、各企業は、指針を社会的要請の一つとして真摯に受け止めつつ、あらためて各企業の理念や倫理基準に遡って、その必要性を深く検討し、対応方針を決定すべきである。

　社会からの要請に応えて行動すべきとする企業の社会的責任（CSR）の考え方と併わせてコンプライアンスをこのように理解してはじめて、指針に書かれた「社会的責任の観点から」「反社会的勢力に屈しない」

こと、「資金提供を行わない」ことが、「コンプライアンスそのもの」と理解できる。

　なお、指針解説（2）では、企業倫理規程制定を中心とした表面的な対応や問題解決を従業員の倫理に委ねることの問題が指摘されている。企業倫理規程を制定しただけで、あとは従業員の倫理観と現場対応にすべてを押し付けてもうまくいかないのは当然である。しかし、それは各企業の倫理基準の確立・徹底が不要であることを意味しない。問題は、個人の倫理に過度に依存する過去のやり方にあったからだ。反社会的勢力との関係遮断等は、倫理規程徹底のシステムにより達成する以外にはないのである。

　また、指針解説（2）において、「反社会的勢力との関係遮断を、単なる倫理の問題としてとらえるのではなく、法令遵守に関わる重大な問題としてとらえ」と記されているが、ここで「単なる倫理の問題としてとらえるのではなく」とは、従業員個人の倫理問題に矮小化してはならないと解釈すべきである。このことは、反社会的勢力との関係遮断が各企業の「経営理念」や「倫理基準」の徹底とそのための全社的なシステムづくりにより行われるべきことと何ら矛盾しない。さらに、「法令遵守に関わる重大な問題としてとらえ」とは、「……関わる重大な問題」と記されていることからも、関係遮断しないことを明確に法令違反とまでは指摘せずに間接的な記述にとどめたもので、敢えて言えば、関係遮断を目的とした内部統制システム構築義務を想定し、これが行われない場合に会社法上の内部統制構築義務違反の問題となり得ることも示唆したものと解される。

II　反社会的勢力対応と全社的なコンプライアンス態勢の整備

　コンプライアンスの概念を上述のように理解した上で、反社会的勢力との関係遮断等を含んだ全社的なコンプライアンス態勢とはいかなるも

のになるか。基本的にその要素は、次の5つに集約されると考えられる。
　① 経営理念、倫理基準、取組みの基本方針の確立・明文化
　② 社内規程・ルール・マニュアル類の整備
　③ 組織体制の整備
　④ 周知徹底のための手続の整備と執行
　⑤ 監視機能の整備
　ここでは、コンプライアンス実践のための具体的な組織体制づくりと、コンプライアンス関連の社内規程・マニュアル整備に絞って説明する。

1　コンプライアンス関連組織の概要（図表1参照）

　取締役会は、会社の重要な業務執行の決定及び取締役に対する監督機能を果たすが、コンプライアンス態勢構築の上でも極めて重要かつ中心的な役割を担う。取締役会を構成する各取締役は、取締役の監視義務の一環として、コンプライアンスへの取組みが代表取締役や担当取締役、各部門において果たされているか否かを監視する役割を担う。
　取締役会で承認されたコンプライアンスに関する方針等を実際に組織

【図表1　コンプライアンス体制】

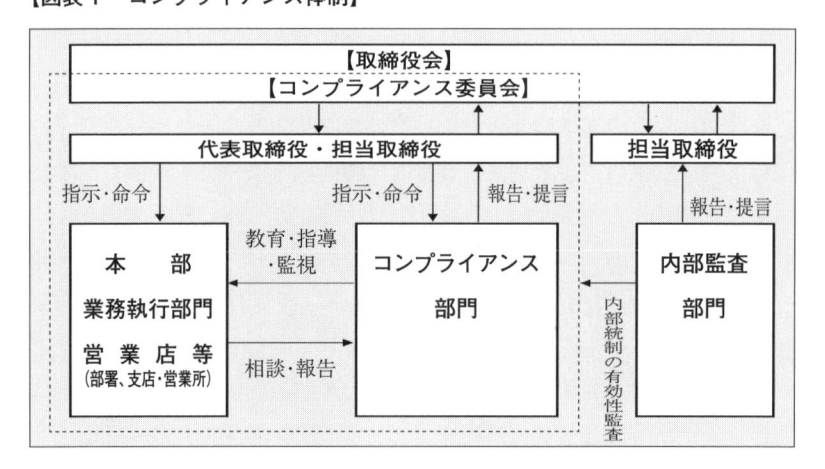

において浸透させ、コンプライアンスに関する施策等を具体的に定着させるために、組織内でコンプライアンスに関する統合的管理・推進機能を担うのがコンプライアンス部門である。コンプライアンス部門の中にあって、各部門のコンプライアンスに係る対応を監視・指導する専門的上級管理職が、コンプライアンス・オフィサーである。最後に、内部監査部門は、コンプライアンス態勢全般の有効性を検証する役割を担っており、その一環として、コンプライアンス部門が有効に機能しているかを検証する役割をも担う。

(1) コンプライアンス部門

コンプライアンス部門とは、コンプライアンスを具体的に企業内に浸透させる機能を統括的に担う部門である。

(a) コンプライアンス部門の役割

コンプライアンス部門は、基本的にあらゆるコンプライアンス関連情報の一元的な集約・管理を行うとともに、関係各部と連携しながらコンプライアンスの実効性を図りつつその検証を行う等、役員及び従業員に対してコンプライアンス意識の浸透・定着を図ることを主たる職責とする。

コンプライアンス部門には、一連のコンプライアンス推進活動を行わせるために相応しい権限が付与されなければならない。

また、コンプライアンス部門は、他の業務執行部門に対する指導・牽制機能を効果的に発揮するため、他の業務執行部門からの独立性が確保される必要がある。独立性が欠如すると、各部への牽制機能が期待できなくなるからである。

具体的にコンプライアンス部門の果たすべき役割は、以下のとおりである。

- ■コンプライアンスに関連するルール・マニュアル等の整備
- ■コンプライアンスにかかるリスクの評価分析

- ■コンプライアンス推進のための組織体制の立案
- ■役員及び従業員に対するコンプライアンス意識の周知徹底
- ■コンプライアンスにかかる教育・研修
- ■コンプライアンスにかかる情報の一元管理
- ■各部署、支店・営業所における取組状況の監視

(b) **コンプライアンス部門の位置付け**

　コンプライアンス部門は、組織内でコンプライアンスに関連するリスク管理を取り扱うことになるため、リスク管理部門の一つとして、いわゆる「ミドル・オフィス」に位置付けられる。上述のようにミドル・オフィスは、現場への牽制機能確保のため他の業務執行部門からは独立して設置されなければならない。また、独立性を徹底するために、コンプライアンス担当取締役、リスク管理担当取締役、もしくは代表権のある取締役に直属するレポーティング体制を整備することも必要である。場合によっては、担当取締役が、コンプライアンス部門長を兼務することも考えられる。

　現場で問題行為等が生じた場合には、その情報はコンプライアンス部門を通じて、担当取締役、代表取締役、取締役会、あるいはコンプライアンス委員会に報告される仕組みが整備される必要がある。

(2) **コンプライアンス担当役員**

コンプライアンス担当役員の役割・責任

　コンプライアンス担当役員とは、コンプライアンスに関する諸問題を所管する取締役(執行役員)をいう。コンプライアンスに関する諸問題については、取締役全員が責任を負い、問題が生じた場合には取締役全員で協議すべきであるが、コンプライアンス問題以外にも、取締役会で協議すべき問題は多く、ともするとコンプライアンスに関する問題は後回しにされやすい。そうした状況の中で、コンプライアンスを特に所管し、一次的な判断権限等を有する担当役員の存在は、機動的な対応とい

う観点から見ても意味がある。

(3) コンプライアンス・オフィサー
(a) コンプライアンス・オフィサーの役割・責任

コンプライアンス・オフィサーとは、一般にコンプライアンス業務を専門に担う高位の役職員を指す。コンプライアンス・オフィサーは、コンプライアンス基本方針等に基づき、全社的なコンプライアンス教育・研修計画の立案・遂行、コンプライアンスの取組みに関する指導、監督、監視等の広範な機能を担う。

コンプライアンス・オフィサーは、一般にオフィサー（執行役員）の名のとおり、組織内の相当上位の管理職層を指す。この点、日本経団連の企業行動憲章でも「代表取締役・常務・専務等の役員を、企業倫理担当役員に任命する」としているが、取締役等の役員レベルの者がこの職を兼務することも考えられる。

また、コンプライアンス・オフィサーの職務を遂行するためには必要・十分な権限が付与される必要がある。

例えば、以下のような権限が認められるべきである。

- コンプライアンス上問題となりうる活動や文書等の事前チェック・承認権限、指導権限
- コンプライアンス・プログラムやコンプライアンス・マニュアルの起案・改訂権限
- コンプライアンス態勢の構築にあたって必要不可欠な社内のあらゆる文書・人へのアクセス権限、調査権限
- 不正等の調査・勧告権限
- 不正等防止のための業務プロセスの改善提案権限　等々

(b) コンプライアンス・オフィサーの位置付け・報告ライン

コンプライアンス・オフィサーは、基本的に業務執行部門から独立した専門的上級管理職層であり、ときに代表取締役をはじめとする経営者

に対しても提言を行うべき機能を担う。コンプライアンス・オフィサーは、コンプライアンス担当役員、コンプライアンス部門長等を兼ねる場合もあれば、コンプライアンス部門内にあって上位の職位の者がこれに就くことも考えられる。

　また、こうした業務の遂行が円滑にできるよう、位置付け、権限、責任、独立性等が、社内規程等で明確に規定される必要がある。

(4) コンプライアンス担当者

　コンプライアンス担当者とは、他の業務執行部門や営業店に在籍しつつ、現場でのコンプライアンス推進活動を担当する者をいう。その役割は、主として、コンプライアンス・オフィサーと各部門間のコンプライアンスに関する情報伝達、各部門におけるコンプライアンスの取組みの推進、教育、報告、部門内での点検・チェック等である。コンプライアンス担当者は、あくまで現場でコンプライアンスを推進する役割を担う者であるため、牽制機能の面では様々な制約があることは否めない。そのデメリットを低減するため、敢えて現場の所属長とともに、コンプライアンス部門にもレポートする体制とすることも考えられる。さらに独立性を確保するためには、コンプライアンス部門に所属し、現場に常駐しつつチェック機能を果たすという仕組みも考えられる。

2　コンプライアンス関連の手続・文書の体系

　コンプライアンスに関する基本文書としては、一般にコンプライアンスの基本方針、コンプライアンス・マニュアル、コンプライアンス・プログラムがあるが、以下これら各文書について説明する。

(1) コンプライアンスの基本方針

　コンプライアンスの基本方針とは、「会社及び経営陣が、コンプライ

アンスに関する諸問題にどう取り組み、その責任体制がどう整備されるか」等、コンプライアンスに関する基本的な考え方を文書化したものである。これは、コンプライアンス関連規程やコンプライアンス・プログラム、コンプライアンス・マニュアル等の下位規程の前提となるべき重要な文書である。そのため、コンプライアンスの基本方針は、取締役会において十分に討議され決定される必要がある。

コンプライアンスの基本方針は、その名のとおり基本的な（取組み）方針であり、ある程度抽象的なものとなるのはやむを得ない。しかし、策定にあたっては、形式的に作成して終わりということではなく、これを繰り返し、繰り返し役員及び従業員が意識できるような、わかりやすいものとすることが求められる。また、すべての役員及び従業員に会社、経営陣の基本的な取組姿勢や考え方が伝わるように、ポイントを絞って明文化していく必要がある。基本方針は、総花的で具体的な方向性が見えないものであってはならない。

(2) コンプライアンス・マニュアル

コンプライアンス・マニュアルは、一般に役員及び従業員において遵守が求められる倫理基準や法令等の解説、法令違反を発見した場合の対処方法等、コンプライアンスを実現するための具体的な手引書である。

その策定及び見直しを行うにあたっては、その内容について取締役会等の承認が必要であり、随時適切に見直しを行うことも必要である。また、その内容は企業風土等を勘案した、適切かつ具体的なものでなければならず、その存在及び内容を役員及び従業員に徹底することが最も重要となる。

コンプライアンス・マニュアルというと、一部関連法令の解説等にもわたるため、かなりの分量となってしまうことも想定される。その結果、ほとんど読まれない代物と化して本来の目的が果たせなくなってしまうことが多いが、そうした愚は避けるべきである。作成にあたっては、マ

ニュアルであることを常に意識し、「読みやすさ」「わかりやすさ」を基準として作成することも重要であると言える。

(3) コンプライアンス・プログラム

いわゆるコンプライアンス・プログラムとは、コンプライアンスの基本方針等を踏まえて、社内規程の整備、内部統制の実施計画、役員及び従業員の研修計画等、コンプライアンスを実現させるための具体的な実践計画をいう。まさに、企業内でコンプライアンス態勢を具体的に整備し、推進するための全社的な総合計画を指す。全社的な計画であるため、その内容は取締役会で協議され承認を受ける必要がある。一般的には、年度ごとに策定されるが、中長期の計画であっても問題はない。反社会的勢力対応の社内整備もここに盛り込むことが望ましい。

コンプライアンス・プログラムは、コンプライアンス部門において取りまとめがなされるものの、すべての責任がコンプライアンス部門にあるというわけではない。上記のように、全社的計画であるため、所管部門が各方面に及ぶことは当然である。なお、コンプライアンス・プログラムはあくまでも計画であり、社内規程等とは位置付けを異にする。

コンプライアンス・プログラムの内容として取り上げられるべき事項としては、例えば、以下のものが挙げられる。

- ■コンプライアンス関連組織の整備計画
- ■役員及び従業員の教育、研修計画
- ■社内規程・文書の整備計画
- ■報告プロセス等の整備計画
- ■モニタリングプロセスの整備計画

これらに限らずコンプライアンス体制の整備に資する事項であればコンプライアンス・プログラムに取り入れることは何ら問題ない。

上記のとおり、コンプライアンス・プログラムは、コンプライアンスの整備計画であり、その進捗状況を定期的にレビューされる必要がある。

また、環境の変化等に応じて、随時弾力的に見直しを行うことが重要である。その際にはあらためて取締役会の承認を受けるべきである。
　コンプライアンス・プログラムが確実に履行されるためには、各施策の責任の所在を明確にしておくことも重要である。コンプライアンス・プログラムを実効化するために、その推進状況を部門や人事評価に的確に反映させる等の総合的な仕組みが必要となる。

第 3 編

指針が求める内部統制システムの構築

第1章　統制環境

I　基本方針

1　はじめに

　指針は、「反社会的勢力による被害を防止するための基本的な考え方」として、組織全体としての対応、従業員の安全確保、外部専門機関との連携、一切の関係遮断、民事刑事の法的対応等を掲げ、代表取締役等の経営トップがこれらを基本方針として社内外に宣言し、その宣言を実現するため社内体制整備などに取り組むことを求めている。

　また、指針は「反社会的勢力による被害の防止は、業務の適正を確保するために必要な法令等遵守・リスク管理事項として、内部統制システムに明確に位置付けることが必要である」とし、指針解説では、内部統制システムに位置付ける際の留意事項として、

　・経営トップが反社会的勢力との関係遮断について宣言を行う
　・取締役会において反社会的勢力との関係遮断の基本方針を決議する

ことを求めている。

2 「反社会的勢力との関係遮断」に関する文言の基本方針への反映

平成19年2月22日に警視庁暴力団対策課が発表した「企業と反社会的勢力との関係遮断に関するアンケート調査」によれば、回答企業（会社法上の大会社）1441社のうち、内部統制システムの基本方針に「反社会的勢力との関係遮断」に関する文言を盛り込んでいるという企業は、25.7％にとどまっている。一方、盛り込んでいない企業のうち、65.5％の企業が明文で規定する必要性を感じないと回答している。

また、経済産業省企業行動課編「コーポレート・ガバナンスと内部統制～信頼される経営のために～」中の参考資料2（取締役会決議（要約）一覧表）では、「反社会的勢力との関係遮断」に関する文言を内部統制システムの基本方針に盛り込んでいる企業はほとんど見当たらない。

以上のとおり、取締役会で内部統制システムの基本方針に「反社会的勢力との関係遮断」に関する文言を盛り込んだ企業、あるいは「反社会的勢力との関係遮断」を取締役会で決議すべきであると考えている企業は未だ少ない。

3 経営トップの宣言及び取締役会決議

(1) 宣言及び取締役会決議の意義

(a) 宣言及び取締役会決議がもたらす効果

コンプライアンス、企業防衛、企業の社会的責任（CSR）という観点から、企業は反社会的勢力との一切の関係を遮断すべきであり、このことは既に述べたとおりである（**第2編第1章**参照）。

ところが、指針解説にもあるように「反社会的勢力の攻撃は、会社という法人を対象とするものであっても、現実には、取締役や従業員等、企業で働く個人に不安感や恐怖感を与えるもの」であり、「反社会的勢力への対応を、単に従業員の倫理の問題としてとらえると、企業内に、

反社会的勢力の不当要求を問題化せず安易に解決しようとする者がいる場合に、反社会的勢力と直接に対峙する担当者が、相手方の不当要求と当該社内関係者の判断との間で板挟みになり、従業員の倫理だけでは処理しきれない問題に直面し、判断を誤らせるおそれがある。また、反社会的勢力への対応は、その性質上、企業の担当者が当該問題を企業にとって不名誉なことと受け取ったり、相手方に対する恐怖心を抱いたりすることから、適切に処理することに困難が伴う」。

そこで、指針は、「反社会的勢力による被害の防止は、業務の適正を確保するために必要な法令等遵守・リスク管理事項として、内部統制システムに明確に位置付けることが必要である」としているのである。

反社会的勢力との関係遮断について、取締役会において基本方針を決議し、経営トップが社内外に宣言を行うことは、関係遮断への第一歩である。指針解説では、内部統制システム構築の留意事項として統制環境の1番目に経営トップの宣言、2番目に取締役会決議が挙げられている。このことの意味を十分理解する必要がある。反社会的勢力との関係遮断にあたっては企業経営陣の姿勢が極めて重要であり、経営陣の姿勢が曖昧では、いくら社内規程を整えても関係遮断などできるはずがない。経営トップが宣言し、取締役会決議を行うことによって、当該企業が全社一丸となって反社会的勢力と決別し対峙する意向であること、及び経営トップがこの問題に取り組む強い意気込みを有していることを社内外に示すことができるのである。宣言や決議があれば、当該企業の担当者も、それらをバックボーンとして最前線でも自信を持って反社会的勢力と対峙することができるようになる。また、反社会的勢力との関係遮断を宣言した企業は、社会的な信用や信頼を高めることもできるし、反社会的勢力側に「攻めにくい企業」であるという印象を与えるという意味で関係遮断の宣言は予防的効果も期待できるのである。

(b) **取締役の善管注意義務違反**

反社会的勢力との一切の関係遮断を経営トップが社内外に宣言し、そ

の基本方針を取締役会で決議した場合、「一切の関係遮断」が一つの社内規範となり、その後に反社会的勢力との何らかの関係が発覚した場合、コンプライアンス違反の問題が生ずるが、一方で企業の業種・規模、取引の内容によっては、実務上、即座に「一切の関係遮断」をすることが極めて困難な場合も想定できる。

　指針は、反社会的勢力との「一切の関係遮断」を求め、そのための内部統制システムの構築を求めている。他方、指針は、反社会的勢力との関係が発覚した場合でも「即時の解消」ではなく、「速やかな解消」を求め、指針解説では、反社会的勢力の疑いの濃淡に応じて「関心を持って継続的に相手を監視する（＝将来における契約等の解消に備える）」ことも認めており、企業に不可能を強いるものではないと考えられる。「一切の関係」を遮断するためにどのような内部統制システムを構築すべきかは、当該企業の業種、取引内容、取引額等の個別事情に応じて決まる。企業が、「一切の関係遮断」を宣言し、「一切の関係遮断」に合理的に必要な内部統制システムを構築して、適切に運用している限り、仮に、反社会的勢力との何らかの関係が発覚したとしても、その関係を有した者が責任を問われることは別として、当該企業の取締役に直ちに法的責任が生ずるとは考えにくい。

　最高裁判所は、蛇の目ミシン株主代表訴訟事件で、会社経営者には「法令に従った適切な対応をすべき義務」があり、当該事案において「警察に届け出るなどの適切な対応をすることが期待できないような状況にあったということはできない」として、取締役の責任を肯定した。昨今の暴力団排除活動の気運の高まりや、指針の公表により、反社会的勢力との「一切の関係遮断」が社会的コンセンサスになりつつあることなども併せ考えると、指針解説のいうように「取締役の善管注意義務の判断に際して、民事訴訟等の場において、本指針が参考にされること」も十分あり得る。企業が、反社会的勢力との「一切の関係遮断」の宣言を行わず、「一切の関係遮断」に向けた内部統制システムを構築せずに、

反社会的勢力との関係を発生・継続させた結果、会社に損害が生じた場合、最高裁判所のいう「適切な対応をすべき義務」を怠ったと判断され、取締役に責任が生ずることがむしろ考えられるのである。

(2) 宣言・基本方針の具体例

反社会的勢力との「一切の関係遮断」の宣言・基本方針の具体例として、以下のものが挙げられる。

> 当社は、反社会的勢力との関係を遮断し被害を防止するため、内部統制システムの基本方針に則り、以下のことを宣言する（定める）。
> ① 当社は、その社会的責任を強く認識するとともに、コンプライアンス経営を徹底するため、組織全体として反社会的勢力との関係を遮断するための体制を整備する。
> ② 当社は、反社会的勢力とは、取引関係を含めて一切の関係をもたない。
> ③ 当社は、反社会的勢力による不当要求を断固として拒絶し、民事、刑事の両面から法的対応を行う。不当要求が当社の不祥事を理由とする場合であっても、裏取引を絶対に行わない。
> ④ 当社は、反社会的勢力による不当要求に備えて、平素から外部専門機関と緊密な連携関係を構築し、不当要求に対応する従業員の安全を確保する。
> ⑤ 当社は、反社会的勢力への資金提供を、絶対に行わない。

II　取締役会、代表取締役のリーダーシップ

1　経営陣によるリーダーシップの重要性

(1)　すべての出発点となる良好な「統制環境」

　指針3項で明確にされているところであるが、反社会的勢力との関係遮断や厳格な社内対応を確保するために、各企業は、「反社会的勢力による被害防止」を目的に設定した強固な「内部統制システム」を構築しなければならない。これまでのように、各企業がパッチワーク的な対応を、ばらばらに進めていくのではなく、組織全体として一貫したシステムを構築し、運営する必要があることを意味している。まさにこの一連の社内システムを内部統制システムと定義しているのである。

　さらに指針解説（13）でも触れられているとおり、内部統制システムは、5つの要素から構成されるが、その中でも最も重要な要素が「統制環境」である。ここで、「統制環境」とは、他の内部統制システムの構成要素の基礎となり、これを支える組織や企業の風土全体を指す。内部統制の世界基準として知られるCOSO報告書によれば、「統制環境は、組織の気風を決定し、組織を構成する人々の統制に対する意識に影響を与える。これは、内部統制の他の構成要素の基礎をなすとともに、規律と組織構造を提供する」ものと定義されている。内部統制システムというと、組織や枠組み、ルールといった形式に目がいきがちだが、こうした枠組みや器を支える要素として、「統制環境」という定性的な概念を設定し、内部統制の基礎に位置付けている点に注目すべきである。

(2)　「統制環境」の諸要素と経営陣の役割

　では、反社会的勢力との対応に関する内部統制において「統制環境」が整っていると言えるために、どのような条件が必要なのであろうか。

前述のCOSO報告書に示されている要素は、以下の7つである。
① 経営者の誠実性と倫理的価値観
② 能力に対する経営者の取組み
③ 取締役会・監査役の機能
④ 経営者の哲学と行動様式
⑤ 組織構造
⑥ 権限と責任の割当て
⑦ 人的資源に関する方針と管理

　反社会的勢力からの被害防止のための内部統制整備を進めるにあたっても、この7つの要素を十分に理解して対応する必要がある。例えば、反社会的勢力との対応に関して、経営陣の誠実性や倫理的価値観がどの程度確立されているか、組織的な対応を可能とするための適切な組織構造が構築されているか、関連部署に必要な権限や責任が割り当てられているか、といったポイントをあらためて確認していく必要がある。

　統制環境の構成要素について見ると、すべての項目が、経営者の姿勢や取組みに関係するものであることがわかる。反社会的勢力対応の内部統制整備においてもいかに経営陣の役割が重要であるかが理解できるだろう。

(3) 経営者の誠実性と倫理的価値観

　統制環境要素の中で、経営者の誠実性と倫理的価値観こそ最も重要な要素となる。なぜなら、内部統制の有効性は、それを設定し、管理し、監視する人間の誠実性と倫理的価値観の水準を越えることはできないからである。あくまでも内部統制はこれを管理し運用する人に依存する。誠実性に欠け、倫理的価値観を重視しない経営者の下では、組織の内部統制はこれに比例して低い水準のものにならざるを得ない。最近の不祥事例を見てもこの点はよくよく実感されるであろう。経営トップが違法行為に走る企業で内部統制が機能するはずはない。このあたり前の理屈

が忘れられがちである。内部統制の意味を経営者の責任の軽減や回避ととらえ、組織やマニュアルづくりに奔走している企業も散見される。しかし、組織や手続整備の前に、経営者の誠実性と倫理的価値観の確立が不可欠であるとする統制理論は当然とはいえ正鵠を得ている。ちなみに、COSO 報告書では、経営者の誠実性と倫理的価値観は、「統制環境の不可欠な要素であり、内部統制のそれ以外の構成要素の設計、管理、監視に大きな影響を与える」とされている。

　また、COSO 報告書によれば、「すべての職位にわたって強固な倫理的環境を確立することは、企業の繁栄を図るうえでも、また、企業のすべての構成員ならびに社会の多くの人々にとっても極めて重要である。強固な倫理的環境は、企業の方針や統制システムの有効性を大きく高めるだけでなく、最も精巧な統制システムをもってしてもとらえることができない人間の微妙な行動にも影響を与えることができる」とされている。強固な倫理的環境が整っていれば、精緻に設計された内部統制システムをもっても左右できない、人間の行動に影響を与えることができるという指摘は極めて示唆に富む。ここで、「微妙な行動」と記されている点に注目する必要がある。人間が不正等に手を染めるかどうかは、実はその人の微妙な判断に左右されている。ぎりぎりのその微妙な判断や行動に影響を与えうるかどうかが重要なのである。経営者の誠実性と倫理的価値判断は、組織のすべての人々のこの微妙な行動を左右するという点をあらためて認識すべきである。

　反社会的勢力との対応に関する不正や不祥事は、組織的要因によって大きく影響を受ける。個人は不正な行為、違法な行為あるいは倫理的に問題ある行為に関与してしまうが、これは、当該個人の個人的利欲によるものだけではなく、組織そのものが、彼らに不正行為に手を染めるよう強い誘引や誘惑を与える場合が多い（COSO 報告書）という点にも留意すべきである。とりわけ、企業が役員及び従業員に短期的な成果を求めすぎると、それが達成されない場合に本人が支払う代償が高くつくた

め、望ましくない組織環境を醸成してしまうものなのである。

　経営陣は、その「誠実性と倫理的価値観」を前提とした問題意識と取組姿勢を組織内に浸透させることが先決である。

(4) 適切な統制環境と経営者のリーダーシップ

　その意味で、反社会的勢力との対応に関する内部統制システムが、単なる器にすぎないものなのか、実効性をもって機能するものになるかどうかは、「統制環境」、特に、取締役会を頂点とした経営陣や最高経営者の考え方、哲学、倫理観、取組姿勢に大きく依存する。

　すなわち、反社会的勢力は、ときに株主、ときにクレーマー等様々な顔で企業への接触を狙ってくるが、こうした場面で、経営陣が先頭に立って、これに立ち向かわなければ、形だけ内部統制を整備したところで、これが機能するはずもない。経営陣の哲学や倫理観が明確に社内に明示、徹底されていない場合、現場レベルで反社会的勢力との関係遮断も中途半端なものになり、内部統制も絵に描いた餅となることは必定である。

　また、反社会的勢力は、営業現場だけでなく本部部門などあらゆる部署と接点を持ち得る。ここで、社内の隅々にまで企業としての取組方針を徹底させるためには、何より経営陣が率先して反社会的勢力との関係遮断等について説明し、行動するなど明確なリーダーシップを発揮することが極めて重要である。

　そもそも、反社会的勢力との関係に限らず、重大な不祥事例を分析してみると、この経営者の姿勢に重大な問題があったケースは極めて多い。周知のとおり、わが国の中堅以上の企業において、組織体制や社内ルールが整備されていないところはほとんどないと言ってよいであろう。にもかかわらず、一向に不正や不祥事件が後を絶たないのは、このシステムが適切に機能していなかったことに起因する。内部統制システムに則して言えば、「統制活動」として様々な手続、報告伝達等のシステムは形として存在していたものの、これらを支える「統制環境」そのものに

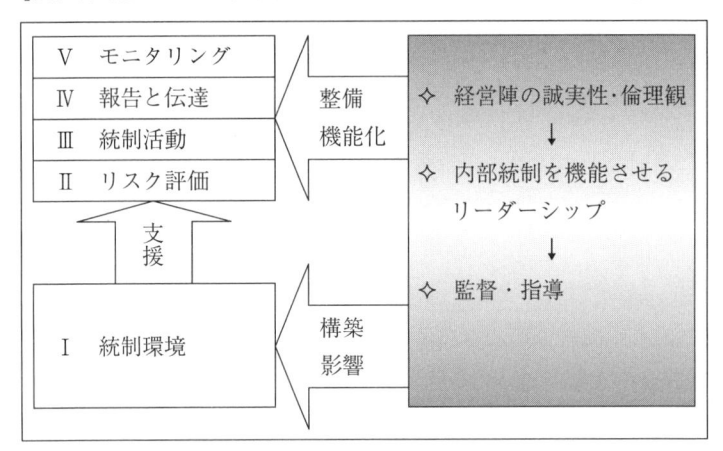

【反社会的勢力による被害防止を目的とした内部統制システム】

| Ⅴ　モニタリング |
| Ⅳ　報告と伝達 |
| Ⅲ　統制活動 |
| Ⅱ　リスク評価 |

整備
機能化

◆ 経営陣の誠実性・倫理観
　↓
◆ 内部統制を機能させる
　　リーダーシップ
　↓
◆ 監督・指導

支援

| Ⅰ　統制環境 |

構築
影響

重大な欠陥があったために、統制が機能しなかったからである。

　統制環境の問題をさらに分析してみると、経営者自らが不正を主導したものをはじめ、不正行為等を利益獲得の手段として奨励したもの、企業全体を不正に追い込むようなシステムをつくって業務運営を行ったもの、不正の事実を知っていながらこれを放置・黙認したもの等、経営者自身の姿勢に起因する事例も多い。

　このように、反社会的勢力による被害防止を目的とした内部統制システムづくりにおいても、表面的なルール化や文書化では不十分である。これらのシステムを設定し、機能させる原動力として、望ましい倫理観を前提とした経営陣の存在やリーダーシップが不可欠であることを今一度認識すべきである。

2　取締役会及び代表取締役のリーダーシップ

(1) 取締役会の役割

　取締役会は、株式会社の業務執行の最高意思決定機関として、会社の

重要な方針、組織体制等を決定する機能を有する。その意味で、取締役会が、組織の風土を大きく左右すると言っても過言ではない。

反社会的勢力との対応や関係遮断にあたっても、取締役会は各企業の経営理念や経営方針に則った上で、次のような対応が求められる。

まず、文書化にかかる基本対応としては、
- ■反社会的勢力との関係遮断を含む対応の基本方針の決定・承認
- ■反社会的勢力対応を明確にした行動規範や行動指針の決定・承認
- ■反社会的勢力との対応に関する基本規程の承認

といった事項が挙げられる。

次に、組織体制の整備としては、
- ■担当する取締役（反社会的勢力対応担当取締役）の決定
- ■反社会的勢力対応にかかる統括部署（反社会的勢力対応部署）等の設置
- ■反社会的勢力対応部署の長の指名
- ■取締役会報告事項と報告基準の承認
- ■人事方針等の承認

などが挙げられる。なお、経営理念、経営方針、倫理規程などに、反社会的勢力との関係遮断が明確に言及されていない場合、これを明文化して挿入することも検討されるべきである。

最後に、定期的・日常的な役割としては、
- ■取締役会として反社会的勢力対応の実施状況や、不正な事例等の定期・随時の報告を受けること
- ■新たな施策の必要性などを真摯に討議すること
- ■代表取締役以下、各取締役の対応状況を厳しく監視すること
- ■代表取締役や担当取締役に対する指示を行う

などの役割を担う。

これら一連のプロセスにおいて特に重要なポイントは、取締役会の機能が形骸化してはならないという点である。従来わが国企業の取締役会

は単なる承認機関化し、形骸化しがちであったと言われる。しかし、こと本件に関する限り、取締役会による実質的な議論とこれに基づく組織づくり、監督、討議、指示等が不可欠である。単に取締役会が報告を受けるだけ、方針や規程を承認するだけといった受け身な対応で事足れり、としてはならない。

　上記のとおり、反社会的勢力との対応を特定の取締役に担当させた場合、当該取締役が情報を秘匿したり、問題を抱え込んだりすることのないように、取締役会として、積極的に情報を求め、十分な監視機能を果たす必要がある。これが果たされない場合、企業全体の責任が問われるとともに、取締役一人ひとりが監視義務違反を問われるおそれがあることに留意すべきである。

　なお、取締役会に限らず経営レベルでの会議体として、従来、経営委員会、常務会等の会議や内部統制委員会、コンプライアンス委員会といった会議体を設置して、反社会的勢力との対応を統括させる企業もある。こうした対応がすべて否定されるものではないが、あくまでも企業の業務執行の最高意思決定機関は取締役会であり、それら会議の存在を理由に取締役会自体の形骸化を正当化したり、取締役会の機能をすべて代替できるものではないことに留意する必要がある。

　また、これらの会議体については、
- 取締役会や代表取締役との権限委譲の関係を明確にする
- 頻度、参加者、意思決定等に関する運営ルールを策定する
- 取締役会に準じて議事録等の整備を行う

といった点に留意して、厳格に運営される必要がある。

　会議体を設置するのはよいが、その組織上の位置付けを曖昧にしたまま、取締役会の本来の機能が果たされず、ひいては取締役会の責任回避のために使われるようなことがあってはならない。

(2) 代表取締役等の役割

　代表取締役など経営トップは、取締役会の定めた基本方針や基本規程に則って、具体的に施策をすすめ、また、改善対策を講じていくことになる。経営トップの役割について、指針解説（13）では「経営トップが反社会的勢力との関係遮断について宣言を行う」ことが挙げられているが、当該宣言の方法については特に定めはなく、例えば、

・年度の経営方針の一環として行う
・特に反社会的勢力対応方針の公表の一環として行う
・当該事項だけに絞っても社長宣言を出す

といった対応が考えられる。

　もちろん、遮断宣言は経営者の最低限の対応であり、これにとどまるものではない。その意味でこの留意点は単なる例示と解する必要がある。

(a) 経営者による支援・監督機能

　経営トップの役割として、反社会的勢力対応部署に対する適切な監督、指揮命令がある。現実には反社会的勢力との対応は、反社会的勢力対応部署が、全社的な統括部門としてこれを所管することになると思われるが、経営トップは、当該部署が本問題で積極的に動けるように社内全体を調整し、ときに指示を出し、これを支援していくことが不可欠である。経営者は、本件を担当部署に丸投げしてはならないということを自覚する必要がある。間違っても経営トップが、反社会的勢力との対応に対して逡巡している、適当に考えているといった印象を社内に与えてはならない。

　また、些細な情報であっても、反社会的勢力に関する情報はできるだけ詳細に報告させ、なるべく事態が深刻にならないうちに経営としてコミットしていくことが重要である。現場や担当部署で情報が滞留し、問題が大きくなることは絶対に避ける必要がある。万が一こうした事態が発生した場合は、経営トップ自ら、その情報伝達システムの改善に着手

するくらいの意気込みで臨む必要がある。

　(b)　**教育・啓蒙活動**

　代表取締役など経営者の役割として、反社会的勢力との対応に関する社内の教育・啓蒙活動が挙げられる。ここでは、①教育・啓蒙活動の仕組みづくりとその実行を関係部署に指示することを意味するが、これにとどまらず、②経営トップが自らこうした教育・啓蒙活動に携わることである。

　確かに、反社会的勢力対応だけにフォーカスした啓蒙・教育活動を行うことは難しい面もあるが、コンプライアンス関連項目の中の重要事項として、経営トップが自ら教育・啓蒙にコミットしていくことは、経営陣の姿勢を示す意味でも効果的である。その場合、具体的な教育・啓蒙活動の在り方としては、

- 年頭所感等で経営者の哲学や取組姿勢をアピールする
- 経営会議ほか各種会議で説明する
- 営業店・支店長会議等で徹底する
- 支店等でのコンプライアンス研修の一部として説明する
- 社内報、社内ビデオ等により呼びかける
- 社内イントラネット等を使って説明する

など、様々な方法が考えられる。いずれにしても、社内のあらゆる場面・ツールを通じて、経営者が、自ら従業員にその姿勢を鮮明にしていくことである。具体的には、コンプライアンス研修等では、経営トップや担当役員が、自ら講師として、反社会的勢力との対応に関する考え方や対応を講義するなど、経営者の姿勢が直接役員及び従業員に伝わるように工夫することも重要である。

　また、教育・啓蒙活動においては、経営者が「繰り返し」反社会的勢力との関係遮断等について、倫理観や姿勢を訴え続けることが重要である。一度や二度の取組みで終わらせるのではなく、繰り返しあらゆるルートを通じて経営陣の考え方を広めていくことである。単に経営方針や

年頭所感に盛り込んでおけばよい、研修等で一応ふれておけばよいといった姿勢では、とてもこれを浸透させることはできないことを自覚すべきである。

Ⅲ　関係遮断プログラム

1　反社会的勢力との関係遮断プログラムの意義

　企業が、指針が求める反社会的勢力による被害を防止するための内部統制システムを構築するにあたって、最初になすべきことは、**第2編第4章**において述べたとおり、基本方針を決め、Plan（計画）を立てること、すなわち、基本方針に沿った内部規程や組織体制の整備計画・役員及び従業員の研修計画等反社会的勢力との関係遮断を実現させるための具体的な実践計画を立てることである。本書においては、この実践計画を、「反社会的勢力との関係遮断プログラム」と呼ぶことにする。

　そして、「反社会的勢力との関係遮断プログラム」は、指針の求めるところにより、反社会的勢力との関係遮断のための「基本的な考え方」、「平素からの対応」、及び「有事の対応（不当要求への対応）」について、統制環境、統制活動、情報と伝達、及び監視活動（モニタリング）の項目ごとの具体的な取組みをその内容とするものとなる。

　企業は、この「反社会的勢力との関係遮断プログラム」に従って、反社会的勢力との関係遮断のための内部統制システムを構築・整備してゆくことになる。

2　反社会的勢力との関係遮断プログラムの制定、実施、見直し

(1)　反社会的勢力との関係遮断プログラム案の作成

　反社会的勢力との関係遮断プログラムは、反社会的勢力への対応を統

括する反社会的勢力対応部署が設置されている場合には、この部署が起案し、この部署が設置されていない場合には、総務部、あるいはコンプライアンス室等、反社会的勢力との関係遮断に関連する部署が、これを起案する。反社会的勢力との関係遮断プログラムの内容は、前述のとおり、反社会的勢力との関係遮断のための具体的な取組みとなる。また、反社会的勢力との関係遮断プログラムを単なる計画に終わらせないためにも、具体的な各取組項目についての作業進行予定及び期限（マイルストーン）を設定しておくべきである。ちなみに、反社会的勢力との関係遮断プログラム自体は、制定後、直ちに実施し、プログラムの項目は、制定後半年程度で、順次実施されることが一つの目安と考えられる。

(2) **反社会的勢力との関係遮断プログラムの制定**

　反社会的勢力との関係遮断プログラムには、反社会的勢力との関係遮断のための具体的な取組みとしての、基本方針・基準の制定、内部規程や組織体制の整備計画、具体的な取組みの導入、実践、検証、改善及びその時期といった基本的かつ重要項目を含むものであり、経営陣による率先垂範を示すためにも、その制定については取締役会決議が望ましいと考えられる。

(3) **反社会的勢力との関係遮断プログラムの進捗管理及び見直し**

　反社会的勢力対応部署（又は、起案担当部署）は、反社会的勢力との関係遮断プログラムの進捗・実施状況を常時把握して管理し、その結果は、反社会的勢力対応担当取締役等の経営トップに対して適宜報告されなければならない。また、その実施後においても、半年に一度程度は、同プログラムの内容について見直しを行い、追加、修正が必要であると認められる場合には、それを提案すべきである。

3　反社会的勢力との関係遮断プログラムの項目

　指針2項における、「反社会的勢力による被害を防止するための基本的な考え方」に基づき、その具体的取組みを①「平素からの対応」と、②「有事の対応（不当要求への対応）」とに分類した反社会的勢力との関係遮断プログラムの項目例を、次頁の**図表1**に掲げる。

　なお、基本方針については、既に企業において決定されていることを前提とする。

【図表1　反社会的勢力との関係遮断プログラムの項目例】

　　　　　――反社会的勢力との関係遮断プログラム――

　　　　　　　　　　　　　　　　　　　　　　制定　平成〇年〇月〇日

1．平素からの対応
 (1) 社内外に対して会社の基本姿勢を示すことにより、反社会的勢力との関係を一切遮断する雰囲気を醸成する（統制環境）
　① 経営トップ層が反社会的勢力との一切の関係遮断を表明、宣言すること。
　② 企業倫理規程、企業行動規範、社内規則等に、反社会的勢力との一切の関係遮断及び不当要求に対する組織的対応に関する規定を明記すること。
　③ 反社会的勢力に対して資金提供を行った場合や社内各規程、規則に違反する行為を行った場合の厳正な社内処分を実施すること。
 (2) 反社会的勢力との関係をもたない・不当要求に対しては組織的対応をする仕組みの構築（統制環境・統制活動）
　① 反社会的勢力との関係遮断のための内部体制（社内組織）を整備し、反社会的勢力対応担当取締役、反社会的勢力対応部署、反社会的勢力対応部員、各部署、支店・営業所の反社会的勢力対応担当者、相談窓口を設置すること。
　② 方針、規程、マニュアルにそった対応を行わせるための個別具体的な統制手続及び管理体制をつくること。
　③ 反社会的勢力との取引防止や不当要求への対応マニュアルを策定すること。
　④ 不当要求防止責任者を選任し、外部の研修を受講させること。
　⑤ 社内研修を実施すること。
　⑥ 反社会的勢力との関係遮断の取組みについて、適切な人事考課（表彰や懲戒等）や人事配置転換を行うこと。
　⑦ 反社会的勢力の情報を集約したデータベースを構築し、情報収

集・属性判断等の利用について定めること。
        ⑧　契約書や取引約款に暴力団排除条項を盛り込むこと。
    (3)　情報と伝達
        ①　報告が必要となる場合の基準及び報告すべき情報を明確にし、そのような場合、直ちに反社会的勢力対応部署へその情報が集約されるよう、報告系統（部門間及び経営陣）を明確にしておくこと。
        ②　警察、暴力追放運動推進センター、弁護士等外部専門機関との連携体制を構築し、連絡・通報を手順化しておくこと。
    (4)　監視活動（モニタリング）と改善
        ①　各部門が反社会的勢力との関係遮断のための自己点検を実施し、この結果を反社会的勢力対応部署に報告し、必要な見直しを行うこと。
        ②　反社会的勢力対応部署が各部門における実施状況のチェックを行うこと。
        ③　定期的な内部監査及び必要に応じて外部監査を実施すること。

2．有事（不当要求がなされた場合）の対応

(1) 当該情報を速やかに反社会的勢力対応部署へ報告・相談し、さらに反社会的勢力対応部署から反社会的勢力対応担当取締役等に報告する
(2) 外部専門機関に相談し、必要な通報をするとともに、マニュアルに従って対応する
(3) 担当者や担当部署だけに任せずに、不当要求防止責任者を関与させ、代表取締役等の経営トップ以下、組織的な対応をする。また、民事、刑事の法的対抗手段を講ずる
(4) 反社会的勢力による不当要求が、事業活動上又は従業員の不祥事等を理由とする場合には、反社会的勢力対応部署自ら、又は同部署の要請を受けて、不祥事案を担当する部署が速やかに事実関係を調査の上、対応する
(5) 反社会的勢力への資金提供は絶対に行わない

Ⅳ　企業倫理規程、反社会的勢力対応規程

1　はじめに

　反社会的勢力との関係遮断を会社法の内部統制システムに位置付けるに際し、指針解説（13）では、内部統制の構成要素として統制環境をはじめとする5つの構成要素を示すとともに、統制環境における留意事項の一つとして「企業倫理規程等の中に、反社会的勢力との関係遮断を明記する」ことを挙げている。

　また、指針解説（2）は、「企業は、反社会的勢力との関係遮断を、内部統制システムの法令遵守・リスク管理事項として明記するとともに社内規則等の服務規程の中にも規定することが重要と考えられる」としている。

　そこで、ここでは、企業倫理規程や社内規則の中に、反社会的勢力との関係遮断を明記することの意義及び項目・内容等について述べることとする。

2　企業倫理規程

(1)　企業倫理規程の意義・目的

　企業並びにその役員及び従業員が行動規範として遵守すべき「企業倫理」とは、一般的に「企業が公正、公平、誠実に活動すること」「企業が広く倫理・道徳を含む社会的規範を遵守すること」などと言われるものの、法令と比較すると多義的であり、また、内容的にも曖昧なところもある。そこで本書では、企業倫理の役割に着目して、「企業並びにその役員及び従業員が自己の行動を選択するに際して、その拠り所となるべき経営理念や反社会的勢力との関係遮断を含む社会的要請に基づく行

動規範」と定義することとする。その上で、企業倫理規程については、かかる行動規範を規程として可視化・明確化したものと言うことができよう。

　行動規範を企業倫理規程として明記することの目的について、コンプライアンス（法令等遵守）の観点からは、企業が経済活動を行うにあたって、業務に関連する法令を遵守することは当然の前提である。しかし他方で、法令は社会が企業に求める倫理をすべて網羅しているわけではなく、法令に違反しない行為が社会的にすべて許容されるわけではない。また、法令の内容自体、制定後の時流の変化等によって社会的な要請と乖離が生じている場合もあり得る。そのため、法令にのみ依拠して企業が行動した結果として、社会規範に照らして強い非難や制裁を受けることも起こりうる。

　このような、いわば法令の隙間や社会規範とのズレの問題に直面した場合に、社会的存在としての企業やその役員及び従業員が自身の行動を選択するにあたり重要となるのが企業倫理である。そして、かかる選択を適切に行うためには、行動規範としての企業倫理が企業倫理規程として可視化・明確化されていることが必要不可欠である。各種業界での規制緩和、また、業務の多様化や国際化が進む昨今、企業倫理規程を策定することの必要性・重要性はより高まっていると言えよう。

(2)　企業倫理規程が策定されるようになった経緯

　社団法人日本経済団体連合会（以下「日本経団連」という）は、平成3年に「経団連企業行動憲章」を制定し（平成8年改定、平成14年「企業行動憲章」に改定、平成16年改定。**巻末資料4**参照）、平成8年には企業行動憲章の「実行の手引き」（現在、第5版）を制定するなど、企業がコンプライアンス経営に取り組むにあたり、各企業が自らの責任において、主体的・自律的に企業経営の規範を確立することを促してきた。

　「企業行動憲章」では、企業が公正な競争を通じて利潤を追求すると

いう経済的主体であると同時に、広く社会にとって有用な存在であるための10原則が定められており、その一つとして「7．市民社会の秩序や安全に脅威を与える反社会的勢力および団体とは断固として対決する」ことが定められている。

　このような日本経団連の取組みもあり、現在、多くの大企業においては、企業倫理規程が策定されており、その中には反社会的勢力との決別を謳う条項も設けられているものが大半である。

　反社会的勢力との癒着や不適切な取引関係に限らず、近年、大企業においても組織ぐるみの不祥事等が少なからず発覚する中、企業においては、企業倫理規程の周知徹底や実践を含めたコンプライアンス経営への取組みの重要性を改めて認識することが肝要である。

(3) 企業倫理規程に反社会的勢力との関係遮断を規定する場合の留意点

　企業倫理規程が未策定である場合はもとより、既に策定されている企業倫理規程に反社会的勢力との関係遮断が明記されていない場合には、指針を踏まえてこれを追加挿入することが必要となってくる。

　また、反社会的勢力への対応に関する規定が既にある企業においても、指針が、「反社会的勢力による被害を防止するための基本原則」の一つとして「取引を含めた一切の関係遮断」を挙げていることに照らして、その内容が十分なものであるかを確認する必要がある。

　以下、比較確認のため規定の具体例を挙げてみる。

> 例①　会社の役員及び従業員は、暴力団や総会屋などの反社会的勢力に対して、毅然とした態度を貫かなければならない。
>
> 例②　会社の役員及び従業員は、暴力団や総会屋などの反社会的勢力に対し、資金提供のほか、いかなる名目の利益供与も行ってはならない。
>
> 例③　会社の役員及び従業員は、市民社会の秩序や安全に脅威を与

え、経済活動に障害となる暴力団やエセ同和団体等の反社会的勢力とは関係を一切持ってはならない。

　上記3つの例は、いずれも反社会的勢力への会社の取組姿勢について謳った規定である。もっとも、例①では、反社会的勢力からの不当要求があった場合の対応姿勢、また、例②では、反社会的勢力への資金提供を行わない旨の規定にとどまっており、不当要求や違法目的取引に限らない通常取引を含む「一切の関係遮断」を謳う指針の趣旨に照らせば、必ずしも十分なものとは言えない。
　この点、「反社会的勢力とは関係を一切持ってはならない」とする例③と比較してみてもらいたい。

(4) 企業倫理規程の策定・改定プロセス

　企業倫理規程は役員及び従業員の根本的な行動規範を定めたものであることから、コンプライアンス部門等の反社会的勢力対応部署が、関係部門との調整を経てた上で原案を作成するものの、取締役会による検討・承認を受けることにより策定又は改定（ただし軽微な変更を除く）されることが通常想定されよう。
　このことは、経営陣による反社会的勢力との関係遮断を含む企業倫理の確立に向けた率先垂範した取組みを明確にする上でも重要と考えられる。

3　反社会的勢力対応規程

(1) 反社会的勢力対応規程の意義

　指針は、反社会的勢力との関係遮断を組織として対応することを基本方針や企業倫理規程に明記するだけではなく、そのための実践的な体制整備を求めている。この点、企業倫理規程に暴力団との関係遮断を謳う

など、暴力団等の反社会的勢力との関係遮断に対して高い意識を醸成している企業であっても、昨今の暴力団の不透明化や資金獲得活動の巧妙化を踏まえると、暴力団関係企業等とは知らずに結果として経済取引を行ってしまう可能性もあり、反社会的勢力との関係遮断のための取組みをより一層推進する必要がある（指針前文第2段落参照）。

そこで企業において、反社会的勢力に組織全体として対応するための体制を確立するためには、企業倫理規程のみではなく、体制整備・運用に関する全般的な取決めを具体的に規定した社内規則（以下「反社会的勢力対応規程」という）を策定することが考えられる。

反社会的勢力対応規程は、企業における体制整備・運用を効率的かつ効果的に実践するため、また、反社会的勢力に対する対応が要求される具体的な場面等において、誰が、どのような役割と責任をもって何をすべきかを明確化するために有用であろう。

そこで以下では、反社会的勢力対応規程の策定手続及び内容について述べることとする。

(2) **反社会的勢力対応規程の策定プロセス**

反社会的勢力対応規程の策定については、反社会的勢力対応部署が、本部内にとどまらない全社的な意見を十分に吸い上げた上で原案を起案し、取締役会でさらにその内容を討議の上、承認を受ける必要がある（指針解説(12)第3段落参照）。とりわけ、実際に、反社会的勢力との取引防止施策を実践し、また、不当要求の矢面に立つことになる営業所や支店等の「現場」の意見を十分に吸い上げ、有効性の高い組織体制や防止・対応施策を規定することが肝要である。

(3) **反社会的勢力対応規程の項目・内容**

指針は、反社会的勢力による被害を防止するための基本原則として、①組織としての対応、②外部専門機関との連携、③取引を含めた一切の

関係遮断、④有事における民事と刑事の法的対応、⑤裏取引や資金提供の禁止の5項目を挙げている。

　したがって、反社会的勢力対応規程を作成する際にも、この5原則を念頭に置くことが肝要である。以下、反社会的勢力対応規程に盛り込むことが考えられる項目例を示す。

　(a)　**反社会的勢力対応部署の権限等**

　指針は、「反社会的勢力による不当要求が発生した場合の対応を統括する部署（以下「反社会的勢力対応部署」という）を整備する」ことを要請し（指針2項（2）第2項目）、その職責について、①反社会的勢力に関する情報の一元的な管理・蓄積、②反社会的勢力に対応するための社内体制の整備、③反社会的勢力に対応するための研修活動の実施、④反社会的勢力対応マニュアルの作成、⑤外部専門機関との連携等を挙げている。反社会的勢力対応部署は、企業が反社会的勢力に対応する際に、その指揮命令系統の中枢を担う部署となる。

　そのため、反社会的勢力対応規程には、反社会的勢力対応部署を設置する旨、その構成、役割と責任及び部署長をはじめとする構成員の職務権限等を規定することが考えられる。また、役割や職務権限を規定する際には、指針が、反社会的勢力への対応について「平素からの対応」と「有事の対応（不当要求への対応）」に分けて記載していることに照らして、同様に峻別しつつ規定することが望ましいと思われる。

　(b)　**反社会的勢力対応担当取締役の選任**

　既述のように、指針は、反社会的勢力に対し、企業が「経営のトップ以下、組織全体として対応する」ことを要請している。経営陣の関与の度合により統制環境が大きく影響を受けることから、反社会的勢力との関係遮断に対する経営陣の強いコミットメントが極めて重要である。

　そのため、反社会的勢力対応の最高責任者として、反社会的勢力対応担当取締役を選任する旨、また、選任手続及び職責等を反社会的勢力対応規程に明記することが考えられる。

(c) 反社会的勢力対応担当者の選任

　反社会的勢力との取引解消や不当要求に対しては組織的な対応が肝要であり、反社会的勢力対応部署から、他の部署や支店・営業所等に対する指揮命令系統を明確にする必要がある。そこで、本社各部署及び支店・営業所等における反社会的勢力対応の責任者として、反社会的勢力対応担当者を選任することが考えられる。

　このように反社会的勢力対応担当者を選任する場合、反社会的勢力対応規程において、選任手続や職責、また、反社会的勢力対応部署との間の報告、連絡や相談等に係る取決めを明記することが重要である。また、職責については、平素におけるものと有事におけるものを峻別しつつ規定することが望ましいことは反社会的勢力対応部署の場合と同様である。

(d) 対応マニュアル等の策定

　指針は、反社会的勢力対応部署の役割として、反社会的勢力に対する対応マニュアルの整備を求めている。かかる対応マニュアルにより、現場担当者をはじめとする実際の対応者が落ち着いて反社会的勢力に対応でき、また、皆が同一目的に向かってあらかじめ定められた役割を分担することができるようになり、迅速かつ統一的・組織的対応の実現が可能となる点で、その策定は重要な意義を有する。

　また、反社会的勢力との取引や不当要求行為を未然に防止するため、対応マニュアルのほか、予防マニュアルを策定することも考えられる。

　そこで、反社会的勢力対応規程には、対応マニュアル及び予防マニュアルの策定、役員及び従業員への配布や周知徹底、見直し等に係る事項を規定することが考えられる。

(e) 情報管理・情報収集

　指針は、反社会的勢力による被害を防止するため、取引先の審査や株主の属性判断を行うに際しての反社会的勢力の情報を集約したデータベースの構築を求めている（指針2項（2）第5項目）。

　そこで、反社会的勢力対応規程には、データベースの構築、管理、活

用等に関する規定を盛り込むことが考えられる。その際、規程に定める内容としては、①データベースの構築及び管理主体の選定、②データの収集範囲と方法、③データベースへのアクセス権者の選定、④データベース内の反社会的勢力に関する情報の照会及び回答の手続、⑤データベース内の情報を同業者等の第三者に対し提供する際や保有の有無等の照会を受けた場合の手続等が考えられる。

(f) **研修活動**

指針は、反社会的勢力対応部署に反社会的勢力との関係遮断に関する研修活動の実施を求めている（指針2項（2）第2項目）。反社会的勢力への対応は担当者や担当部署だけに任せるべきものではなく、代表取締役等経営トップ以下、組織全体として対応する必要がある（指針2項（1）第1項目）ことに鑑みれば、研修活動は、経営陣をはじめとする役員及び全従業員を対象として実施されることが必要である。その上で、役員、反社会的勢力対応部員、反社会的勢力対応担当者、一般従業員等に対し、それぞれの職責に応じた研修を個別に行うことが重要である。

そこで、反社会的勢力対応規程に研修の実施に関する項目を設ける際には、研修の対象者ごとに、研修の内容、研修を実施する主体（警察、弁護士等の外部専門機関を含む）、研修を実施する頻度等を規定することが考えられる。なお、反社会的勢力対応担当者は、「不当要求防止責任者」（暴対法14条1項）として、不当要求防止責任者講習を受講することが望ましく、これを規程に明記することも有用である。

(g) **外部専門機関との連携**

企業が、反社会的勢力との通常取引を含めた一切の関係を遮断し、反社会的勢力からの不当要求等に対し、必要に応じて民事・刑事の法的手段を用いて適切に対処するためには、警察や弁護士等の外部専門機関との綿密な連携が必要不可欠であり、指針も、反社会的勢力による被害を防止するための基本原則の一つとして外部専門機関との連携を要請している。

すなわち、平素においては、外部専門機関の連絡先や担当者を確認し、担当者同士で意思の疎通を図り、反社会的勢力からの不当要求等の有事においては、外部専門機関に対し積極的に相談の上、民事・刑事の両面からあらゆる法的対抗措置を検討することが望まれる（指針2項（2）第6項目・（3）第2項目参照）。

そこで、反社会的勢力対応規程に、外部専門機関との連携についての規定を設ける際には、外部専門機関との連携を行うにあたり窓口となるべき部署の選定、平素における連携（定期的な意見交換、研修等）及び有事における連携（法律相談、通報、保護の要請、法的手続の依頼等）を明記しておくことが考えられる。

(h) 暴力団排除条項を挿入すべき契約書等

指針は、反社会的勢力による被害を防止するための基本原則の一つとして「取引を含めた一切の関係遮断」を謳っている（指針1項第3項目）。したがって、企業は、反社会的勢力との取引を含めた一切の関係遮断のために、取引の相手方が反社会的勢力であるかどうかについて、常に、通常必要と思われる注意を払う必要があるほか、仮に反社会的勢力と知らずに、反社会的勢力と何らかの関係を有してしまった場合には、速やかにその関係を解消する必要がある（指針2項（2）第3項目・第4項目参照）。そのための具体的な方策としては、暴力団排除条項を挿入した契約書や取引約款等の利用が有用である。

そこで、反社会的勢力対応規程においては、暴力団排除条項を挿入すべき契約書や取引約款の特定、条項に盛り込むべき内容、取引開始に際しての相手方への明示・説明、相手方からの確認徴求、当該条項を適用して取引関係を解消する場合の手続（いわゆる不実の告知に着目した契約の解除等）等を規定することが考えられる。

(i) その他

上記のような組織体制や防止・対応施策が機能する前提として、企業において関係を排除すべき「反社会的勢力」の定義及び範囲、また、予

防・排除する「取引」の範囲を、反社会的勢力対応規程で明確にすることも併せて肝要である。

(4) 規程の周知徹底と見直し等

　反社会的勢力対応規程は、上記のような役割に鑑みれば、その存在及び内容を役員及び従業員に周知徹底させることが必要である。
　また、反社会的勢力への対応の取組みやそのモニタリングの結果等を踏まえて体制の見直しや改善等を行う場合には、反社会的勢力対応規程についても改定を要しないか、所轄部署において確認を行うことが肝要である。

4　その他対応を要する規程等

　企業倫理規程及び反社会的勢力対応規程のほか、例えば、組織、業務分掌、職務権限、賞罰、内部監査等の、反社会的勢力への対応に関わる組織・制度に関連する内部規程の見直しを忘れないよう、留意を要する。
　以下、特に対応を要する可能性のある規程として、就業規則、役員規程及び内部監査規程の見直しについて述べる。

(1) 就業規則

　例えば、従業員が、反社会的勢力との関係遮断を規定する企業倫理規程に違反して、暴力団員等の反社会的勢力と関係を業務上有している事実が判明した場合に、同規程違反を理由に、当該従業員に対して何らの制裁も発動されないのであれば、実効性を欠くことは否めない。企業倫理規程は、従業員が就業上遵守すべき服務規律の一つであり、これに違反した場合には懲戒事由に該当する旨、就業規則において明確にすることが望ましい。
　また、逆に、従業員が反社会的勢力との関係遮断に尽力することへの

動機付けとして、取組みに尽力した従業員を表彰することも有効であろう。

(2) 役員懲罰規程

　企業倫理規程における反社会的勢力との関係遮断の規定は、当然のことながら、その名宛人に従業員のみならず役員も含まれる。また、役員が反社会的勢力との関係を有した場合、評判低下を含む企業が被るダメージは一般の従業員による場合とは比較にならないほど大きいであろう。
　その意味で役員については、従業員の場合以上に、反社会的勢力との関係遮断を怠った場合の懲罰等を整備する必要性が高いと言え、役員規程において、反社会的勢力との関係遮断を明記するとともに、違反した場合の懲罰についても規定することが望まれる。

(3) 監査規程

　反社会的勢力対応に係る体制の適正な整備・運用のためには、日常業務から独立した部署によるモニタリングの実施も極めて重要である。
　そこで、かかるモニタリングを行う監査部署に係る規程において、反社会的勢力への対応体制についても監査項目とするなどの諸手当てを行うことが望ましい。

Ⅴ　内部体制

1　反社会的勢力対応担当取締役

(1) 反社会的勢力対応担当取締役の選任

　指針1項は、「反社会的勢力による被害を防止するための基本原則」の筆頭に、「組織としての対応」を挙げる。そして指針2項は、「基本原則に基づく対応」として、「担当者や担当部署だけで対応した場合、要

求に応じざるを得ない状況に陥ることもあり得るため、企業の倫理規程、行動規範、社内規則等に明文の根拠を設け、担当者や担当部署だけに任せずに、代表取締役等の経営トップ以下、組織全体として対応する」と規定する。経営陣の一員である取締役の中から、反社会的勢力対応担当取締役を選定することは、指針が求める経営陣の主導による組織全体としての対応を実現するために必須であるといえる。

(2) 選任手続

反社会的勢力対応担当取締役の選任は取締役会による機関決定により行われるべきであろう。また、反社会的勢力対応担当取締役は、原則として、コンプライアンス担当役員が兼任するのがよい。有事の際に、コンプライアンス担当役員主導での円滑な事実解明・原因究明の実現が期待できるからである。

(3) 権限及び職責

反社会的勢力対応担当取締役は、代表取締役社長の対応方針等の決定に基づき、反社会的勢力対応部署の長として、その任務遂行を総括する。

2　反社会的勢力対応部署

(1) 反社会的勢力対応部署の設置

(a) 指針は、2項「基本原則に基づく対応」の中の「(2) 平素からの対応」の一項目として、「反社会的勢力による不当要求が発生した場合の対応を統括する部署（以下「反社会的勢力対応部署」という）」の整備を求める。また、「(3) 有事の対応（不当要求への対応）」の一項目として、不当要求がなされた場合は、当該情報を速やかに反社会的勢力対応部署へ報告し、相談するべきと規定する。

指針が、反社会的勢力対応部署の設置を求めるのは、各部署や支店・

営業所が反社会的勢力との何らかの問題に遭遇した場合にこれに対する統一的対応や、反社会的勢力に関する情報の一元管理が可能となるからである。また、同種事案の反復的取扱いはスキルの向上をもたらし、そのように反社会的勢力対応に習熟した部署により、マニュアル等の策定、研修の実施及び外部専門機関との連携が行われることで、充実した内部体制を構築できるという利点もある。

　(b)　設置場所は、本社のコンプライアンス部門内が適当である（コンプライアンス部門のない企業においては総務部門内に設置することが考えられる）。

　企業は、反社会的勢力対応部署に対して、その十分な活動を保障するための人的・物的経営資源を提供しなければならない。反社会的勢力対応部署に配属される従業員（以下「反社会的勢力対応部員」という）は、企業の各現場の実情に通じ、かつ企業倫理に敏感な者であることが望ましい。また、反社会的勢力対応部員を長期間固定させることは総会屋問題の際に見られたような担当者と反社会的勢力との癒着を生むおそれがあることから、できる限り避けるべきである。

(2)　設置手続

　反社会的勢力対応部署の設置も、取締役会による機関決定により行われるべきであろう。

(3)　権限及び職責

反社会的勢力対応部署の権限及び職責は、以下のとおりである。

(a)　**平素において**

（情報の収集・管理）

①　反社会的勢力に関する情報を収集し、それを他の部署、支店・営業所に所属する反社会的勢力対応担当の従業員（以下「反社会的勢力対応担当者」という）からの照会に対する回答及び具体的対

処方法の決定等に活用できる形で分析・分類した上で、管理すること。
② 反社会的勢力からの接触を受けた場合に反社会的勢力対応担当者が対応の経過及び結果を記録するための書式を定めること。
③ 取締役ら経営陣に対して、反社会的勢力対策に関する重要情報を提供し、対応策の策定及びその改善を提案すること。

(マニュアルの作成・整備・改訂)
④ 反社会的勢力への対応マニュアルの原案を定め、取締役会に提案すること。
⑤ 制定された反社会的勢力への対応マニュアルを、すべての部署、支店・営業所に通知し、部署、支店・営業所の長及び反社会的勢力対応担当者を通じて、そこに所属する従業員に周知させること。
⑥ 上記マニュアルの改訂を提案し、改訂がなされた場合、⑤と同様にすること。
⑦ 反社会的勢力への対応の経過及び結果を記載した報告書の内容について、反社会的勢力への対応マニュアル及びそれに基づく対応方法に改善点がないかという視点から検討し、改善点が認められれば、マニュアルや対応方法の改善に繋げること(「PDCAサイクル」〔Plan(計画)→ Do(実施と運用)→ Check(評価)→ Act(改善)〕によるスパイラルアップ)。

(研修活動)
⑧ 反社会的勢力への対応の経過及び結果を記載した報告書の内容を社内で共有し、今後の対応に活用するため、反社会的勢力対応部員、及び他の部署、支店・営業所の反社会的勢力対応担当者らの出席の下に行われる事例検討会を開催すること。
⑨ 役員及び従業員に対して研修・啓発活動を実施すること。

(外部専門機関との連携)
⑩ 所轄警察署、弁護士会内の民暴委員会、暴力追放運動推進セン

ター（以下「暴追センター」という）、社団法人警視庁管内特殊暴力防止対策連合会（以下「特防連」という）等、外部専門機関との連携にあたり、窓口の役割を果たすこと。

(b) **有事において**
（現場との関係）
① 社内の各部署、支店・営業所の反社会的勢力対応担当者から、現に行っている取引の相手方、これから行おうとする取引の相手方、その他会社が接触する相手方について、反社会的勢力に該当するかその属性に関する照会がなされた場合、これに応じて調査を行うこと。
② 上記調査の結果、現に行っている取引の相手方、これから行おうとする取引の相手方、その他会社が接触する相手方について、反社会的勢力であることが判明した場合、反社会的勢力への対応マニュアル等に基づいて具体的な対応方法を立案し、代表取締役又はこの権限の委譲を受けた反社会的勢力対応担当取締役の決定を得ること。
③ 上記決定に基づき、社内の各部署、支店・営業所の反社会的勢力対応担当者に具体的な対応方法を指示し、当該部署などと互いに協力して対応にあたること。
④ 問題解決後に、反社会的勢力対応担当者が作成した経過及び結果を記載した報告書を受領し、保管すること。

（社内の他の部署との関係）
⑤ 反社会的勢力への対応にあたり、法務部門、総務部門、営業部門等関連部署に調査を指示又は依頼することにより、対応方針決定に必要な情報を収集した上、その調査結果に基づき最終的な対応方針を起案し、代表取締役又はこの権限の委譲を受けた反社会的勢力対応担当取締役の決定を仰ぐこと。

（不祥事を理由とする不当要求がなされた場合）

⑥　事業活動上の不祥事又は役員及び従業員の不祥事を理由とする不当要求がなされた場合、自ら、又は不祥事案を担当する部署、支店・営業所に要請して、事実関係の調査を行うこと。

⑦　⑥の調査の結果、不祥事が虚偽であった場合は、不当要求を毅然と拒絶するよう指示すること。

⑧　⑥の調査の結果、不祥事が真実であった場合は、不当要求を毅然と拒絶するよう指示するとともに、不祥事案の担当部署、支店・営業所に対して、再発防止等を指示すること。

（外部専門機関との関係）

⑨　警察・弁護士等外部専門機関の協力を得て対応する必要が生じた場合、自らこれらの機関と連絡する際の窓口となり、又は担当部署等に対してこれらの機関との連絡について指示すること。

3　反社会的勢力対応担当者

(1)　反社会的勢力対応担当者の選任

(a)　指針は、2項「基本原則に基づく対応」の中の「(2)平素からの対応」の一項目において、反社会的勢力対応部署による情報の一元管理・蓄積を規定する。また、「(3)有事の対応（不当要求への対応）」の一項目において、現実に不当要求行為がなされた場合は、当該情報を速やかに反社会的勢力対応部署へ報告し、相談すべきことを規定する。

　反社会的勢力から接触を受ける危険性を有する部署は、役員等経営陣や本社の総務部門、営業部門から、末端の支店・営業所に至るまで多岐にわたる。そこで、指針が求める組織としての統一的対応を実現するには、社内の部署、支店・営業所ごとに反社会的勢力対応担当者を置き、この者を通じて反社会的勢力対応部署へ情報を集約化した上、常に反社会的勢力対応部署の指示に基づいて対応する体制を構築することが求められる。

(b) 反社会的勢力対応担当者も、反社会的勢力への対応問題に関して一定の知識・経験を有し、企業倫理に敏感な従業員が担当するのが望ましい。ただし、具体的な対応方針は、あくまで反社会的勢力対応部署が決定するものであり、反社会的勢力対応担当者は、重要な場面においては反社会的勢力対応部署に判断を仰ぐことが求められる。反社会的勢力対応担当者が独断で対応することのないよう注意しなければならない。

また、対応は反社会的勢力対応担当者が担当するとしても、担当者を孤立させるようなことがあってはならない。反社会的勢力対応担当者に対しては、組織全体による強い継続的支援が必要である。

(2) 選任手続

反社会的勢力対応担当者の指名は、部署、支店・営業所の長により行われ、選任は当該権限を持つ機関が行うことが考えられる。ただし、この場合でも担当者の人事評価や任免について、反社会的勢力対応部署が何らかの関与ができる仕組みが望ましい。

(3) 設置場所

本社の総務部門、営業部門（部署）及び各地の支店・営業所等企業の外部者と接触する機会のある各部署、支店・営業所に設置する。

(4) 権限及び職責

反社会的勢力対応担当者の権限及び職責は、以下のとおりである。

(a) 平素において

（対応マニュアル等の周知・徹底）

① 所属する部署、支店・営業所の従業員に対して、反社会的勢力対応マニュアル等を周知させること。

（反社会的勢力対応部署との協力関係構築）

② 反社会的勢力対応部署から定期的に情報提供を受け、又は求め

られた事項についての報告を行うこと。
(研修活動)
 ③ 反社会的勢力への対応の経過及び結果を記載した報告書の内容を社内で共有し、今後の対応に活用するために行われる事例検討会に出席すること。
 ④ 定期的に反社会的勢力対応部署が行う研修に参加して、研鑽を積むこと。
(b) **有事において**
 ① 所属部署、支店・営業所が現に行っている取引の相手方、これから行おうとしている取引の相手方、又は所属部署等に対して取引以外の態様で接触してきた者について、反社会的勢力と疑われる事情が認められた場合、その属性について反社会的勢力対応部署へ照会すること。
 ② 上記照会の結果、反社会的勢力であることが判明した場合、反社会的勢力対応部署より具体的な対応方法に関する指示を受けること。
 ③ ①において照会結果が判明するまで及び②において反社会的勢力対応部署より対応方法に関する指示がなされるまでの間、所属部署等の従業員に対して、当面の対応方法を指示すること。
 ④ ②の指示に従い、反社会的勢力対応部署と互いに協力して、具体的な対応にあたること。
 ⑤ 上記①から④までの経過及び結果を所定の書面に正確に記録した上、反社会的勢力対応部署に提出すること。

【内部体制組織図】

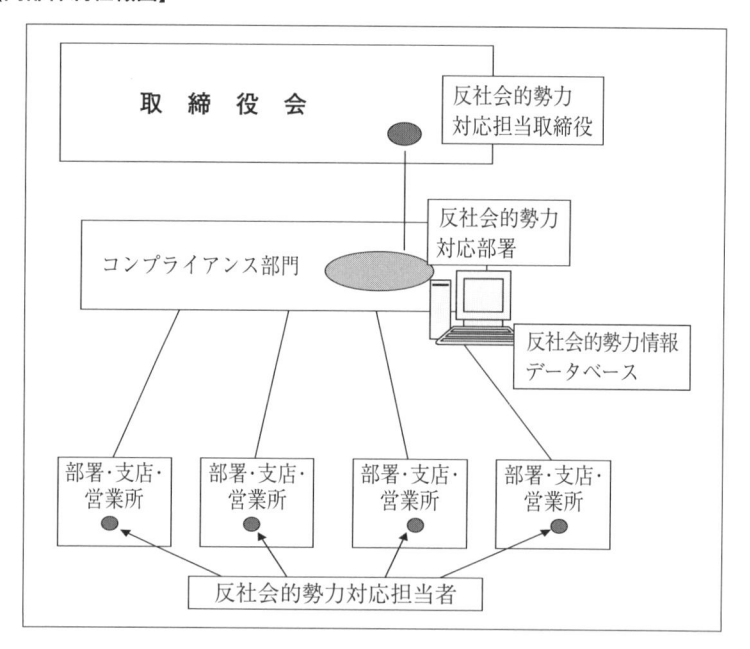

```
┌─────────────────────────────────────────────────┐
│  ┌──────────────────────┬──────────────────┐    │
│  │    取 締 役 会        │ 反社会的勢力      │    │
│  │                      │ 対応担当取締役    │    │
│  └──────────────────────┴──────────────────┘    │
│                                                  │
│  ┌──────────────────────┬──────────────────┐    │
│  │  コンプライアンス部門  │ 反社会的勢力      │    │
│  │                      │ 対応部署          │    │
│  └──────────────────────┴──────────────────┘    │
│                              │                   │
│                         ┌──────────────┐        │
│                         │ 反社会的勢力情報│        │
│                         │ データベース   │        │
│                         └──────────────┘        │
│                                                  │
│  ┌───────┐ ┌───────┐ ┌───────┐ ┌───────┐       │
│  │部署・支店・││部署・支店・││部署・支店・││部署・支店・│       │
│  │営業所  │ │営業所  │ │営業所  │ │営業所  │       │
│  └───────┘ └───────┘ └───────┘ └───────┘       │
│        └─── 反社会的勢力対応担当者 ───┘          │
└─────────────────────────────────────────────────┘
```

Ⅵ　暴力団排除条項

1　指針における暴力団排除条項の位置付け

　指針は、「反社会的勢力との一切の関係遮断」を基本原則に挙げているが、この基本原則の達成には、契約書や取引約款の中に、①暴力団をはじめとする反社会的勢力が当該取引の相手方となることを拒絶する旨や、②当該取引が開始された後に、相手方が暴力団をはじめとする反社会的勢力であると判明した場合や相手方が不当要求を行った場合に、契約を解除してその相手方を取引から排除できる旨の規定（暴力団排除条項）を盛り込んでおくことが有効である。

そこで指針は、「契約書や取引約款に暴力団排除条項を導入すること」を（反社会的勢力との関係遮断のための）内部統制システムの統制環境に位置付けている。

2　暴力団排除条項の役割と限界

(1)　暴力団排除条項の役割

　暴力団排除条項には、①予防的・抑止的機能、②現場担当者の暴力団排除ツールとしての機能、③裁判規範としての機能、という３つの機能がある。暴力団排除条項を導入した企業は、この３つを有機的に機能させ、「反社会的勢力との一切の関係遮断」という目的達成を目指さなければならない。

　①予防的・抑止的機能とは、反社会的勢力による取引介入を「未然に」防止することができる機能のことを指す。契約書に暴力団排除条項を盛り込んでいる企業とそうでない企業とでは、反社会的勢力にとって将来的に契約を打ち切られる蓋然性が大きく異なることから、暴力団排除条項は反社会的勢力に対する牽制になる。

　したがって、暴力団排除条項を導入した企業は、例えば、その旨を店舗内の目立つ場所に掲示するなど、外部から認識しうるようにして、対外的に「反社会的勢力との一切の関係遮断」との姿勢を明示するべきである。

　②現場担当者の暴力団排除ツールとしての機能とは、現実に反社会的勢力と対峙する現場担当者に大義名分を与える機能を指す。契約締結前であれば、契約自由の原則が妥当するので、自由に契約締結を拒否することができるのが本来である。しかし、実際に取引を拒絶するとなると「実際にどう説明して交渉を打ち切るのか」という問題が現場担当者を悩ませ、その結果、事案の適切な処理が妨げられてしまうことが多い。暴力団排除条項はそういった場合の大義名分となり、現場担当者は「契

約条項に従って、御社について調査させていただきます」「当社には暴力団排除条項があるので、御社とは取引できません」などの毅然とした対応をとることができる。

したがって、暴力団排除条項を導入した企業は、この機能をより有効に活用するために、契約に際しては事前に必ず「自分が反社会的勢力ではない」旨の表明保証書の提出を求めるなど、いざという場合に現場が対処しやすくなる仕組みづくりを行っておくべきである。

③裁判規範としての機能とは、暴力団排除条項を根拠として契約関係を解消し、取引関係からの離脱や相手方の損害賠償請求権の不成立等を裁判上主張する機能をいう。前記①と②の機能が、「契約関係に入らせない」ことを目的とした、契約間口で働く機能であったのに対し、この③の機能は、「万一契約関係に入ってしまっても契約関係を解消する」ことを目的とした、事後的に働く機能であるといえる。

(2) 暴力団排除条項の限界

もっとも、③裁判規範としての機能を過信することは危険である。いったん、反社会的勢力との契約関係が成立してしまうと、裁判によってこれを解消させることは、思いのほか容易ではない。

例えば、いざ裁判となると、相手方が反社会的勢力に属することの立証（属性立証）は、企業側の責任と負担において行わなければならないが、この属性立証は企業にとって困難な障壁である。

属性立証の方法としては、新聞記事、雑誌、インターネット情報、信用情報機関の利用、聞き込み、同業者との情報交換等の方法が考えられるが、それぞれ、収集することができる情報の範囲が限定されていたり、また、それらに依った証拠は証明力に疑問があるケースもあるので、確実を期するには警察の情報提供に頼らざるを得ない。

ところがこの警察からの情報提供にも限界がある。

警察からの暴力団情報の提供については、平成12年、警察庁から「暴

力団排除等のための部外への情報提供について」（平成12年9月14日付警察庁暴力団対策部長通達）が出されており、同通達によれば、①暴力団による犯罪、暴力的要求行為等による被害の防止又は回復、②暴力団の組織の維持又は拡大への打撃、を要件として暴力団対策に資すると認められる場合、暴力団情報を必要とする者に提供するとされている。これらの要件を満たさなければ、警察から暴力団情報の提供を受けることはできない。また、同通達によれば、近年増加している「準構成員」や「元構成員」については原則として情報を提供しないとされている。

このように、立証可能性の観点から検討するに、③裁判規範としての機能の過信は禁物で、「暴力団排除条項による反社会的勢力との関係遮断」イコール「裁判によって反社会的勢力との取引を解消する」ことととらえるのは適切ではない。

むしろ「暴力団排除条項による反社会的勢力との関係遮断」とは、①予防的・抑止的機能や、②現場担当者の暴力団排除ツールとしての機能によって契約間口の段階で、また、契約間口の段階で反社会的勢力の介入を見逃したとしても、次は契約更新の段階で（その意味で、取引契約に「期限」を設けておくことは不可欠である）、というように、段階的に、徐々に、反社会的勢力を排除していくという性質のもの、と考えるべきである。

3　暴力団排除条項の作成にあたっての留意点と条項例

(1)　暴力団排除条項の作成にあたっての留意点

2で述べたように、暴力団排除条項には3つの機能がある。

したがって、暴力団排除条項の作成にあたってはこの3つの機能が有機的に機能するよう設計すべきである。すなわち、排除すべき相手方を画する規定（属性要件）を作成するにあたっては、「できるだけ広く、多く」という①予防的・抑止的機能からの要請と、「できるだけ明確に、

具体的に」という②現場担当者の暴力団排除ツールとしての機能や、③裁判規範としての機能からの要請とを同時に満たすよう、留意しなければならない。

　また、属性要件のみに着目した条項のみでは立証可能性の観点から限界があるので、属性要件に併せて、自ら、反社会的勢力ではないことを表明、保証させ、反社会的勢力であることを隠したり、不実の告知をしていた場合には、契約を即時解除することができる旨の条項や、契約締結後、違法・不法な行為を行うことを禁止する条項（行為要件）を数多く網羅的に設けておくことが適切である。

　なお、行為要件については、これまでの裁判例や各企業に蓄積されているデータを参考にして、反社会的勢力に典型的に見られる行為類型や不当要求行為類型をまとめ並べることができればよい。また、①予防的・抑止的機能を重視し、行為要件として国内外に存するすべての法令規則を遵守していることを加えておくのも一考である。反社会的勢力は、何らかの法令違反を行っている蓋然性が高いことから、法令違反したことを理由としての契約解除が可能となる場合もあるからである。

(2) **暴力団排除条項等の具体例**
(a) **属性要件**

（パターン１）
　乙が下記の一つに該当した場合、甲は何らの催告を要することなく、本件契約を解除することができる。

記

1　暴力団対策法の規定に違反し、若しくは刑法第199条、第201条、第204条ないし第208条、第208条の３、第220条ないし第228条、第247条の罪、又は暴力行為等処罰に関する法律の罪を犯し、罰金の刑に処せられ、その執行を終わり、又は執行を受けることがなくなった日から10年を経過しない者

2　暴力団員、準構成員、又は暴力団員・準構成員でなくなった日から

10年を経過しないもの
3　その個人及び法人の代理人が、1又は2のいずれかに該当するもの
4　法人で、その役員（取締役、執行役、執行役員、監査役を含む）又は使用人のうちに1又は2のいずれかに該当する者のあるもの
5　個人で、その使用人のうちに1又は2のいずれかに該当する者のあるもの
6　暴力団員等がその事業を支配するもの（事業を支配するものとは、会長、相談役、顧問その他の名称を有する者の他、名称の有無如何を問わず、業務を執行する社長、取締役及び執行役と同等の支配力を有すると認められる社員、債権者若しくは株主を含んでいる）
7　前項までに定めるもの以外、総会屋、社会運動標ぼうゴロ、政治活動標ぼうゴロ、特殊知能暴力集団を含む一切の反社会的勢力に該当するか、所属すること

（パターン2）
甲と乙は、相互に相手方に対し、下記事項を確認する。
記
1　自らの利害関係者又は主な株主及び取引先等が暴力団、暴力団員又はこれらに準ずる者（以下「反社会的勢力」という）でないこと
2　反社会的勢力が自らの経営に関与していないこと
3　自ら、自らの利害関係者又は主な株主及び取引先等が資金提供その他の行為を行うことを通じて反社会的勢力の維持、運営に協力若しくは関与していないこと
4　自ら、自らの利害関係者又は主な株主及び取引先等が意図して反社会的勢力と交流を持っていないこと
5　本契約に基づく取引に関して国内外のすべての法令を遵守していること

【解説】
(1)　パターン1は、暴力団排除条項の3つの機能に配慮し、できるだけ多く、広く、明確に、確実に、属性要件を列記している。立法例（廃棄物の処理及び清掃に関する法律）を参考にした。

(2) パターン2は、パターン1に比べ若干明確性に欠けるが、その分、予防的・抑止的機能を重視している。また5項にはコンプライアンス条項を入れ、相手方に契約に関する法令違反があれば、契約解除が可能となるように設計している。

(b) 行為要件

(不動産賃貸借)
　借主が下記の一つに該当した場合、甲は何らの催告を要することなく、本件契約を解除することができる。

記

1　貸室、共用部分に、反社会的勢力を居住ないし出入りさせたとき
2　借主若しくは入居者が、犯罪行為を行った場合
3　貸室、共用部分等に反社会的勢力であることを感知させる名称、看板、代紋、提灯等の物件を掲示したとき
4　貸室、共用部分その他建物周辺において粗野若しくは乱暴な言動をして、他の建物入居者や管理者、建物に出入する者、近隣住民等に迷惑又は不安感を与えたとき

(ホテル等の施設利用約款)
　当ホテルは、次に掲げる場合、宿泊契約や宴会利用契約には応じない。また既に契約に応じていた場合でも、無条件で、契約を解除できるものとする。この場合、契約者及び利用者は、如何なる状況においても直ちに当ホテルの利用をやめ、当ホテルを退去しなければならない。

記

1　宿泊者、宿泊しようとする者又は利用者が、他の宿泊者その他当ホテルの利用者に対し、迷惑を及ぼす言動をしたとき
2　宿泊者、宿泊しようとする者又は利用者が、当ホテル、当ホテルの職員、従業員又は関係者に対し、暴力的行為を行い、又は不合理な要求をしたとき
3　宿泊者、宿泊しようとする者又は利用者が、当ホテルの利用規約に反したとき

(銀行等金融機関の取引約款)
　当行は、次に掲げる場合、契約の締結に応じないものとする。また既に契約を締結していた場合には、無条件で、契約を解除できる。
記
1　お客様が当行との取引に関して脅迫的な言動をし、又は暴力を用いたとき
2　お客様が、風説の流布や偽計によって、又は威力を用い、当行の信用を毀損し、又は当行の業務を妨害したとき
3　その他これらに類する事由があったとき

【解説】
(1)　上記(1)でも述べたように、暴力団排除条項を設けるにあたっては、上記(a)属性要件の他に行為要件を数多く網羅的に設けておくことが肝要である。そこで、取引類型に分け、行為要件を挙げることにした。
(2)　不動産賃貸借の記載例では、無催告で解除できる旨を規定した上、禁止事項を列挙した。2項には新聞報道等で明確にできる事項を、1項、3項と4項には当事者自ら調査可能な事項を並べ、立証可能性に配慮した。なお1項と3項では「反社会的勢力」という文言を使用しているが、明確性を確保するために、別途、定義付けのための条項が必要となろう（上記(a)属性要件の記載例参照）。
(3)　行為要件を盛り込む必要性は、ホテル等の施設利用約款や銀行等金融機関の取引約款でも同様である。記載例では「無条件で」解除を行うことができることを明記し、現場での混乱や、後の紛争に対しての手当てを行っている。

(c)　**表明保証条項**

第1条　甲は乙に対して、本日から契約終了時までの間において、甲が、下記事項に該当しないこと表明し保証する。
記
……（略）……

第2条 甲は乙に対し、次の各号を承認する。
① 契約締結に関する必要事項（職業や就業先・勤務先に関する個人情報や、本店所在地以外の事務所所在地、主たる株主及び取引先等の企業情報も含む）が記入されない場合は、乙が契約締結を拒否する場合があること
② 乙が甲に対し、前条に該当するか否かに関する調査に必要と判断する資料（職業や就業先・勤務先に関する個人情報や、本店所在地以外の事務所所在地、主たる株主及び取引先等の企業情報も含む）の提出を求めた場合は、それに応じること。また、その資料の提出を拒否する場合は、乙が契約締結を拒否する場合があること
③ 本条における甲の情報を乙と甲の他の取引に使用すること
④ 甲が承諾した連絡先で連絡が取れないときは、就業先・勤務先又は帰省先等に連絡することがあること

【解説】
(1) 表明保証条項を含む書面は、相手方から、契約締結の前段階か遅くとも契約締結と同時に取得すべきものである。後にも触れるが、暴力団排除条項と併せて利用すれば、表明保証条項の、反社会的勢力との関係遮断に対する役割は極めて高いものとなる。
(2) 記載例では略したが、第1条の列挙事由には、上記(a)属性要件に記載の事由を参考にすればよい。
(3) 記載例第2条には、相手方の情報収集を可能とする条項を入れている。契約締結前段階で相手方を怪しいと感じれば、第2条に基づき資料の提出を求め、又は契約締結を拒否することになる。

4 暴力団排除条項を導入するにあたっての留意点

(1) 新規に契約を締結する場面

2、3でも述べたように、新規契約の際には事前に、表明保証条項を含む書面をとっておくべきである。この条項を設けておくことにより、

先ず、①相手方が反社会的勢力であることを表明した場合には、契約を締結しないことができ、②相手方が反社会的勢力であることについて明確な回答をしない場合には、契約自由の原則に基づき、契約を締結しないことができる。また、③相手方が反社会的勢力であることについて否定した場合で、後にそれが虚偽であることが判明したときには、暴力団排除条項と表明保証条項違反を理由として契約を解除することもできる。

また、契約に期間の定めを設けておくことは必須である。

(2) 契約の書換えが必要な場面

現在、暴力団排除条項を置いていない企業が、これから暴力団排除条項を導入するには、契約書や取引約款等の書換作業を行う必要がある。

この書換作業は、暴力団排除条項には該当しないと考えられる「堅い」企業から始めることとし、書き換えに抵抗を見せる企業に対しては「他の企業は書換えに応じている」と説明できるようにしておくとよい。

それでも書換えに応じない企業があるならば、契約更新時に改めて書換えを申し入れ、それでも書換えを拒否するようであれば更新しないことにすればよい。

また、契約に期間の定めがないようなケースには、あらかじめ一定の期間を区切り、その期間を経過しても書換えに応じてもらえなければ契約を継続できないと申し入れる、との対応をとるべきであろう。この場合、相手方からは継続的契約の法理に基づく主張がなされるおそれもあるが、その危険は、予告期間の長短によって配慮することになる。一般的には、予告期間の長短を決するにあたっては、相手方の取引に対する投資状況や依存状況、契約の種類や性質等を考慮した上、相手方に不当に不利にならない期間を選定する必要があるが、「反社会的勢力との一切の関係遮断」という指針の基本原則からすれば、あまりに長期とするのも妥当ではなく、3ヵ月（四半期）、6ヵ月（半期）、1年といった期間が一応の目安となるであろう。

第 2 章　統制活動

I　対応マニュアル及び予防マニュアル

1　不当要求対応マニュアル策定の意義

　反社会的勢力による不当要求に対しては、「毅然とした対応」、すなわち不当要求に屈せず、拒否・拒絶すべきとされている。しかし、反社会的勢力は不当要求のプロであり、狡猾な手段を用いることもあるため、実際上、不当要求を初めて受けた者がすぐに「毅然とした対応」をとれるというものではない。また、指針は、不当要求に対しては、直接の担当者や担当部署だけでなく、経営トップを中心とする組織全体で対応をすることを求めている。

　ここで、不当要求対応マニュアルをあらかじめ策定することにより、次の効果が期待できる。

- ・担当者が初心者であっても、マニュアルどおりにやればよいということで、自信を持って反社会的勢力に対応できる。
- ・マニュアル所定の役割を皆で分担することにより、迅速に組織的な対応を実現できる。

以上のことから、指針も、平素からの対応として、反社会的勢力対応部署が対応マニュアルを整備することを求め、指針解説も、対応マニュアルの策定を内部統制システムの統制活動の一要素として位置付けていると思われる。

2　不当要求対応マニュアルの具体的内容

(1)　はじめに

対応マニュアルの具体的内容は、業種や業態によってある程度差異が生じざるをえない。

指針は、反社会的勢力からの不当要求への「対応に当たっては、暴力追放運動推進センター等が示している不当要求対応要領等に従って対応する」よう示唆している。

ところで、全国暴力追放運動推進センターの「企業対象暴力と対策2005年版」には、

① 来訪者のチェックと確認
② 相手の確認と用件の確認
③ 応対場所の選定
④ 対応の人数
⑤ 対応時間
⑥ 言動に注意する
⑦ 書類の作成・署名・押印
⑧ 即答や約束はしない
⑨ トップは対応させない
⑩ 湯茶の接待をしない
⑪ 対応内容の記録化
⑫ 機を失せず警察に通報

の12項目が挙げられている。

以下、これら項目について、業種や業態によってさほどに差異が生じないと思われるポイントを挙げる。

(2) ①（来訪者のチェックと確認）及び②（相手の確認と用件の確認）について（次頁の**図表1**「面談者カード・フォーム」参照）

(a) 相手方の氏名、住所、電話番号、所属団体、面談理由（用件）を確認し、記録化する。状況に応じて、名刺をもらうか、名刺の提示を求めてコピーする。

その際、相手方の人相、服装その他の特徴、車両で来た場合は車両番号等についてもメモを取り記録化することが望ましい。

(b) 相手方が代理人と称する場合、委任状の提示を求めて確認し、コピーする。委任状を持参していない場合、原則として委任状の持参を求める。委任状が提示された場合、その場ないしは面談終了後、委任者本人に対し、当該代理人と称する者への依頼の事実の有無を確認することが望ましい。

(c) 相手方が複数の場合であっても、すべての者の氏名等（住所、所属団体、関係等を含む）を確認する。どうしても確認することができない場合、代表者等の中心人物については、必ず確認する。また、相手方が複数の場合、実際に応接室等に通すのは、代表者と同伴者1、2名程度に制限する。

(d) 相手方が、氏名等の確認に応じない場合は、「面談に応じられない」旨回答し、毅然と面談を拒絶する。

相手方が（面談内容と）全く関係のない第三者であることが判明した場合も、同様に「面談に応じられない」旨回答し、毅然と面談を拒絶する。

また、相手方の用件が不明瞭な場合、具体的にどのような用件かを確認する。それでも要領を得ない場合には、面談を拒絶する。

【図表1　面談者カード・フォーム】

受付番号			日時　年　月　日　：　〜　：	
受付部署			受付者氏名	
相手方 （要求者）	氏名			
	住所			TEL
	勤務先			
	勤務先 住所・電話			
面談理由 （用件）				
面談要否 予定日時	要　年　月　日　：　〜　：　（30分，1時間） 不要			
面談場所	社内　　　　　　　，その他			
他部署へ の連絡	反社会的勢力対応部署　　　　　　担当者 連絡日時			
	警察へ　　　　署　　　係　　　担当 連絡日時　　　年　月　日			
	弁護士へ　　　法律事務所　弁護士〇〇 連絡日時　　　年　月　日			
	その他 日時			
録音等の 有無	有・無			

(3) ③（応対場所の選定）について

(a) 相手方指定の場所ではなく、原則として、企業の管理が及ぶ場所で行う。あらかじめ顧客その他の来訪者に迷惑のかからないような応接室等を決めておくことが望ましい。

応接室等には、暴追ポスターや不当要求防止責任者講習受講修了証等を目立つ位置に掲示しておく。所轄警察署、暴追センター等の連絡先を目立つ位置に掲示するのも有効である。

室内には、花瓶、灰皿、折りたたみ椅子等相手方に凶器として使われそうな物は置かない。

また、応接室等には、外部と連絡を取れるツール（例えば、緊急時の連絡用ブザー等）を設置する。

(b) どうしても企業の管理が及ぶ場所以外で面談せざるを得ない場合（その場合も、相手方の指定する場所ではなく、ホテルのロビー等公共の場所が望ましい）、必ず複数で赴く。

この場合、会社との連絡方法や連絡係、記録係等の役割分担を決めておく。必要に応じてあらかじめ警察に連絡しておく。場合によっては、弁護士の立会を求める。

(4) ④（対応の人数）について

(a) 少なくとも相手方と同数、可能な限り相手方を上回る人数で対応する。複数対応について相手方が抗議してきたら「正確を期すためです」等と説明し、それでも単独対応を要求するようなら、場合によっては面談を拒絶する。

(b) 入口に近い席に自分たちが座る。実際の対応は、各部署内の反社会的勢力対応担当者の指示に基づいて行い、相手方と直接応対する係（交渉担当）、記録係等の役割分担をし、冷静に行う。

(5) ⑤（対応時間）について

(a) 相手方の用件を確認した上、必要最小限の時間をあらかじめ相手方に指定して応対する。

なお、面談が比較的長時間に及ぶ可能性が予想される場合、あらかじめ面談を途中で打ち切る可能性があることを告げておく。

(b) 相手方が必要以上に時間を引き延ばそうとしてくる場合、「これ以上お話ししても当社の結論は変わりませんので、お引き取りください」などと言って毅然とした態度で明確に意思表示をする。

相手方が退去しない場合、施設管理権に基づいて退去を要求し、これに応じない場合、不退去罪で警察に通報する旨警告する。警告に従わない場合には、ためらわずに警察に通報する。

(6) ⑥（言動に注意する）及び⑧（即答や約束はしない）について

(a) 相手方の要求内容を具体的に確認・把握する。相手方が機関誌の購読、物品の購入や下請契約の締結といった不当要求をしているのか（「接近型」）、相手方が商品の不具合・サービスの手落ちや役員等のスキャンダル等を「ネタ」に不当要求をしているのか（「攻撃型」）を正確に把握する。

(b) 要領を得ない質問等には、「具体的にどのような内容なのか」と尋ね、相手方がこれに答えない場合、こちらも回答等を行わない。

相手方が怒鳴り散らしても、感情的にならずに冷静に対応する。「静かにお話しください。大声を出されるとお話しすることができません」等と言って相手方に注意を促し、おさまらない場合には、「これ以上お話しすることはできません。お引き取りください」等と言って明確に退去を促す。これに応じない場合、警察へ通報する旨警告し、警告に従わない場合には、ためらわずに警察に通報する。

(c) 相手方の指摘が事実か否かを確認する必要がある場合には、「事実関係について調査いたします」等と明確に回答する。即答や曖昧な回

答を絶対にしてはならない。

　この場合、反社会的勢力対応部署の指揮の下、別途、調査チームを立ち上げ、速やかに事実関係を調査させる方法も考えられる。

　(d)　相手方の指摘が事実でないことが最初から明白な場合、「検討させていただきます」等といった曖昧な対応をせず、その場で事実ではない旨を明示する。

　一方、相手方の指摘が事実である場合（後に判明した場合を含む）、「この件につきましては、法令等に基づいて適切に対処させていただきます」と説明して、法令等に基づく適正な手続で解決を図ることにし、不当要求に応じたり、裏取引をしたりしてはいけない。

　万一、誤った発言をしてしまった場合、下手に弁解したり、その場逃れの言い訳をしたりせず、その場ではっきりと訂正する。

(7)　⑦（書類の作成・署名・押印）について

　相手方から「一筆書いてくれ」といった要求を受けても絶対に応じてはいけない。署名や押印を求められた場合も同様である。

　万一、文書を作成してしまった（させられた）場合、早急に反社会的勢力対応部署や弁護士に相談し、強迫等を理由に文書の効力を否定する旨の通知を発送するなど適切な措置を講ずる。

(8)　⑨（トップは対応させない）について

　相手方から「責任者を出せ」「トップを出せ」等の要求をされても、自分が責任者であることを告げ、絶対にトップ（決裁権者）に会わせてはいけない。

　相手方がこの点を譲らない場合には、退去を求める。

(9)　⑩（湯茶の接待をしない）について

　湯茶の接待は、面談時間を長引かせる要因となり得ること、また茶器

等が凶器ともなり得るので、応対中、湯茶の接待はしない。

(10)　⑪（対応内容の記録化）について

(a)　相手方の言動について、なるべく詳細な記録を残しておく。相手方が抗議してきたら、「正確を期すためです」と説明する。

記録係がその場でワープロを打つのも相手方を牽制する意味で有効である。

(b)　書面化と併せて録音・録画による記録も有効である。

録音は、「おうかがいした内容を記録する際に、間違いがあるといけないので」といった理由とともに相手方に告げて行えば、相手方を牽制する効果がある。

なお、秘密録音も、民事・刑事の手続において、相手方の同意を得ていないことの一事をもって証拠能力を否定されるものではないと解されている。

録画についても同様である。相手方から見える位置にビデオカメラを敢えて設置するのも相手方を牽制する意味で有効である。

相手方が録音・録画を拒絶するならば、場合によっては、面談を拒絶する。

(11)　⑫（機を失せず警察に通報）について

面談中、相手方が脅迫や暴行行為に及んだり、器具を破壊したりした場合には、即時、面談を打ち切って警察に通報する。

面談前あるいは面談中に、相手方が反社会的勢力であると疑われた場合には、速やかに所轄警察、暴追センター、弁護士等へ相談する。そのためにも、反社会的勢力対応部署が普段から外部専門機関の担当者と緊密な連絡を取り合っておくことが重要である。

⑿　報告・連絡体制の整備

　反社会的勢力から不当要求を受けた場合、対応の現場と反社会的勢力対応部署との緊密なコミュニケーションが極めて重要であり、そのための報告・連絡体制の整備は必須である。指針も、有事の対応（不当要求への対応）として「反社会的勢力による不当要求がなされた場合には、当該情報を、速やかに反社会的勢力対応部署へ報告・相談し、さらに、速やかに当該部署から担当取締役等に報告する」ことを求めている。

　そこで、現場から反社会的勢力対応部署への報告・連絡を義務付け、対応の際の記録、資料等を反社会的勢力対応部署へ提出させる手順を確立し（フォームの準備を含む）、これを対応マニュアルに記載して周知・徹底すべきである。

3　不当要求予防マニュアル策定の意義

　反社会的勢力から不当要求を受けないようにするということにおいて、反社会的勢力との取引を含む関係を持たないこと（「水際での遮断」）に勝るものはない。指針は反社会的勢力との一切の関係遮断を求めているが、実際上、いったん開始された取引を解消することは容易ではない。企業のリスク管理の観点から、反社会的勢力との取引を含む一切の関係を持たないようにすることは極めて重要である。

　また、攻撃型の不当要求は、商品の欠陥や従業員の対応の悪さなどに関するクレームの形をとることが多いが、このような場合の適切な対応をあらかじめマニュアル化しておくべきである。

　以下、予防マニュアルとしての
　①　反社会的勢力と取引関係を持たないようにするためのマニュアル、及び
　②　攻撃型の不当要求を予防するためのマニュアル
のポイントを説明する。

4 反社会的勢力と取引関係を持たないようにするためのマニュアル

(1) はじめに

このマニュアルでは、相手方が反社会的勢力か否かを判断するための情報収集体制（「誰が（主体）・何を（対象）・どのように（方法）調査するのか」）が確立されなければならない。

以下、新規取引の場合と取引開始後の場合に分けて考える。

(2) 新規取引の場合

(a) 対応の現場での調査

(ア) ファーストコンタクト時の対応

相手方の商号、住所、担当部署、担当者名、電話番号、用件を記録化する。面談した場合は、言動等も記録化する。

(イ) その後の対応（後掲の**図表2**「フロント企業チェックリスト」参照）

(i) 相手方の登記事項証明書を取り寄せる。

会社が登記されているか否か、役員や本店所在地等の不自然な変更はないか、本店所在地と実際の活動拠点が一致しているか、営業目的と実際の営業内容が一致しているか、営業目的が不自然に増やされていないか等を確認する。

(ii) 相手方（支店・営業所を含む）の不動産の登記事項証明書や営業車等の登録事項等証明書を取り寄せる。

所有不動産に（仮）差押えや仮登記が異常に多くなされてないか、債権者は誰か、名義変更が頻繁に行われていないか等を確認する。

(iii) 相手方の決算書等財務状況を示す資料が手に入った場合には、内容を精査する。また、相手方の実績及び社歴等も可能な限り調査する。

(iv) 実際に相手方の本店及び支店・営業所を見に行く。

担当者の説明内容と合致しているか、所在場所の状況、看板の有

無、人の出入り（従業員や出入業者に暴力団員風の者がいないか）、郵便受けの表札等を調査・確認する。

相手方の本店等に足を運んで初めて分かることも多いので、この調査は極めて重要である。

(ウ) 調査にあたっての留意点

相手方が既存の取引先等からの紹介であっても、これらの調査を怠ってはならない。また、調査・記録した事柄すべてを、速やかに反社会的勢力対応部署に報告・提出し、情報の共有を図ることは極めて重要である。

(b) **反社会的勢力対応部署での調査**

反社会的勢力の情報を集約したデータベースを用いて、相手方が反社会的勢力か否か、反社会的勢力との関わりの有無・程度や過去の不当要求行為の有無等をチェックする。

(c) **取引開始の際の留意点**

調査の結果、相手方が反社会的勢力であることが判明した場合、取引を開始してはならないことは言うまでもないが、反社会的勢力であることの疑いがあるに過ぎない場合にはどのように対応すべきであろうか。

指針は、反社会的勢力との一切の関係遮断を求めるとともに、反社会的勢力とは知らずに何らかの関係を有してしまった場合であっても、相手方が反社会的勢力であることの疑いが生じた時点で、速やかに関係を解消することを求めている。そもそも、取引開始段階においては、契約自由の原則（契約締結自由の原則）により、取引を開始するかしないかは当事者の自由に委ねられていることからすれば、各種調査の結果として相手方が反社会的勢力であるとの疑いを持った場合には取引を開始すべきでないことになる。

ただ、実際には反社会的勢力であることの疑いにも濃淡があり、その疑いが極めてうすい場合、取引により得られる利益との比較衡量から、やむを得ず取引開始に踏み切らざるを得ないこともあろう。このような

場合には、取引の金額や数量を大きくしない、契約期間を短期間とする（自動更新条項を設けない、試用期間を設定する等）等の工夫をした上で、取引を開始し、その後も継続的に相手方を調査・監視すべきである。

(d) **取引を開始しない場合の留意点**

　調査により、反社会的勢力であること、又はその疑いが判明して取引開始を拒絶する場合、「諸般の事情を考慮し、お取引を見合わせていただきます」といった一般的な理由を述べれば十分である。「暴力団に関係があることが判明しましたので」といった具体的な理由を述べる必要はなく、また述べれば別途トラブル発生の原因にもなりかねない。もっとも、拒絶に際しては、相手方をいたずらに刺激しないよう、可能な限り丁寧に対応することも忘れてはならない。

　この場合、相手方から、準備のために費用がかかった、損害が発生した等と言われる可能性があるが、契約締結前においては、原則として債権債務が発生していないので、毅然と断ればよい。ただし、例外的に、契約締結直前の段階まで至っており、契約締結を拒絶した側に故意又は過失が認められるような場合、信義則上の債務不履行責任ないし不法行為責任を負担させられる可能性がある。相手方のこのような主張の余地を残さないよう、契約締結前の過程においても、きちんとした対応が望まれる。いたずらに曖昧な態度をとって結論を引き延ばすような態度や相手方に契約締結を期待させるような態度は、厳に慎むべきである。

(3) **取引開始後の場合**

(a)　取引開始後に、相手方が反社会的勢力であること、又はその疑いが顕在化する場合としては、もともと反社会的勢力であったが、取引開始前の調査では判明しなかった場合や相手方が後日反社会的勢力に取り込まれた場合が考えられる。

　このような場合には、指針にもあるとおり、契約書や取引約款の暴力団排除条項を活用して速やかに契約を解消する。

反社会的勢力であることを顕在化させるためには、以下の点に留意し、少しでも不審な点があった場合には徹底的に調査すべきである。
　①　取引状況を把握するとともに、可能な限り、取引先に足を運び、その実態把握に努める。
　②　定期的に（例えば、契約更新時）、これまでの取引状況等を加味しつつ、新規取引開始時に準じた調査（登記事項証明書を取り寄せる等）を行う。
　(b)　取引開始後は相手方との間に債権債務関係が発生しているため、取引開始時とは異なり、正当な理由なく契約を解消すると、損害賠償責任を負担させられる危険性が高い。そこで、相手方が反社会的勢力であることの疑いが生じたに過ぎない段階で直ちに契約を解消できるかが問題となる。
　この点、指針解説も、反社会的勢力の疑いにも濃淡があり、企業の対応方針として、①直ちに契約等を解消する、②契約等の解消に向けた措置を講じる、③関心を持って継続的に相手を監視する（＝将来における契約等の解消に備える）といった疑いの濃淡に応じた対応を取ることを認めている。その上で「最終的に相手方が反社会的勢力であると合理的に判断される場合には、関係を解消することが大切である」とする。
　したがって、取引開始後においては、比較的軽い疑いが生じたに過ぎない場合に、契約等を直ちに解消する必要まではないものの、少なくとも将来の契約等の解消に向けた措置を講じるとともに、相手方を継続的に監視して相手方が反社会的勢力であると合理的に判断できるような証拠収集に努め、後日、証拠が集まった段階で速やかに契約等を解消すべきである。

5　攻撃型の不当要求を予防するためのマニュアル

(1)　日頃から適切な事務処理に徹することはもちろん、顧客（取引先）との意思疎通を十分に図る。

例えば、顧客から何か質問されたり、クレームを受けたりした場合、回答にどれくらい時間を要するかを説明し、また、ある程度時間がかかりそうなときは、中間報告をしておくことは重要である。

顧客からの質問・クレームの正確な把握と記録化が重要であることは言うまでもない。

また、引継ぎも文書等でしっかり行う。その手続についてもマニュアル化しておくことが望ましい。

(2)　接客態度、書面（メールを含む）での言葉遣い・書き方等について研修を実施する。どこの部署、支店・営業所においても統一的な対応がなされるようにしておくことも重要である。

また、顧客に対しては平等な対応を心がける。

なお、相手方が社会的相当性を逸脱する要求行為（不当要求）をしてきた時点で、既に当該相手方は「顧客」ではなく、通常の顧客と平等に取り扱う必要がないことには注意を要する。

(3)　問題解決にあたっては、法令等に基づき適正な手続で解決を図る。隠そうとしたり、裏取引したりしてはいけない。そのためには、現場レベルにも、遵守すべき法令等を周知徹底しておくことが必要であり、そのための啓蒙活動・研修等が必須である。

(4)　顧客情報の管理の徹底を図る。顧客情報の流出・漏えい等は不当要求を招きかねない。

【図表2　フロント企業チェックリスト】

(会社等について)
　□会社が登記されていない
　□商号の変更が多い
　□本店所在地と実際の活動拠点が異なる
　□会社の名称や営業目的と実際の営業活動が異なる
　□会社の営業目的の変更が多い
　□会社役員の不自然な変更がある
　□会社所有不動産に（仮）差押えや仮登記が異常に多くなされている
　□会社所有不動産の名義変更が異常に多い
　□営業車の名義変更が異常に多い
　□ローン中なのに営業車の名義変更がなされている
　□会社が怪しげな雑居ビルに入っている
　□看板が出ていない
　□会社の規模、内容に比べて豪華な応接室、異様な調度品がある
　□関連企業は多いが、実体が不明である

(代表者・担当者等について)
　□相手方からは連絡が度々来るのに、こちらからは連絡が取りにくい
　□電話の応対が不自然（例えば、威圧的な応対、横柄な応対等）
　□責任者(決裁権者)がわからない
　□担当者がよく代わる
　□担当者が肩書きの異なる複数の種類の名刺を持っている
　□会社の規模、内容に比して、名刺の肩書きが大げさ過ぎる
　□従業員、出入業者、顧客の服装等が異様である
　□担当者なのに、当該取引に関する知識に乏しい
　□担当者が当該取引に関する規制（特に公的規制）の知識に乏しい。規制を無視しようとする

(取引について)
　□最初から過大な取引を要求する
　□途中から急激に取引量が増大する

□高額な取引であるにもかかわらず、現金決済を求めてくる
□通常、同時履行ないし後払いなのに、前払いを要求する
□通常ではあり得ないような好条件を提示してくる
□通常ではあり得ないくらい納期が短い

Ⅱ　データベースの構築、利用

1　データベース構築の目的

(1)　指針の規定

　指針は、反社会的勢力に対する平素からの対応として「取引先の審査や株主の属性判断等を行うことにより、反社会的勢力による被害を防止するため、反社会的勢力の情報を集約したデータベースを構築する。同データベースは、暴力追放運動推進センターや他企業等の情報を活用して逐次更新する」ことを求めている。

(2)　データベース構築の目的

　(a)　指針は、反社会的勢力との一切の関係を遮断することを求めており、「一切の関係」には、不当要求、経済的取引、株式取得など、企業が反社会的勢力への対応を迫られるあらゆる関係が含まれるとされている。

　(b)　指針は、不当要求については、毅然と対応し、民事刑事の法的対応を行うこと、経済的取引については、契約締結前は契約自由の原則に基づいて契約を締結せず、契約締結後は暴力団排除条項などに基づいて取引関係を速やかに解消すること、また、株式取得については、取得者の属性情報の収集に努めることなどを求めている。

　(c)　不当要求への対応にしても、契約解消にしても、相手方が反社会

的勢力である（あるいはその疑いがある）ということを確認する必要があり、場合によってはそのことを立証する必要がある。この確認、立証のために、反社会的勢力の情報を集約したデータベースを構築する必要がある。

2　反社会的勢力に関する情報

(1)　反社会的勢力の意義

指針において、「反社会的勢力」は、「暴力、威力と詐欺的手法を駆使して経済的利益を追求する集団又は個人」と定義されており、その判断に際しては、「暴力団、暴力団関係企業、総会屋、社会運動標ぼうゴロ、政治活動標ぼうゴロ、特殊知能暴力集団等といった属性要件に着目するとともに、暴力的な要求行為、法的な責任を超えた不当な要求といった行為要件にも着目することが重要である」とされている。

(2)　属性情報

(a)　指針においては、「暴力団、暴力団関係企業、総会屋、社会運動標ぼうゴロ、政治活動標ぼうゴロ、特殊知能暴力集団等」（それぞれの定義は**第2編第1章Ⅱ参照**）が反社会的勢力として例示されており、これらが典型的な反社会的勢力であることは明らかである。

(b)　データベースに「○○は暴力団××組の若頭である」という情報があれば、仮に○○が不当要求をしてきた場合、同人が暴力団員であることを前提に適切な対応をすることができ、また、既に○○と契約関係にある場合であっても、契約書に暴力団排除条項があれば、○○との契約を解除することも可能となる。このように、反社会的勢力に関する属性情報は極めて重要かつ有用な情報となる。

(3) 行為情報

(a) 指針は、「暴力的な要求行為、法的な責任を超えた不当な要求といった行為要件にも着目することが重要である」とし、行為情報を反社会的勢力の認定要素としている。また、そもそもデータベースを構築する目的が、不当要求対応、契約関係防止・解消などにあることに鑑みれば、相手方の過去の行為に関する情報も有用なものであることは言うまでもない。

(b) ただ、どのような行為情報を取得収集すべきかについては一考を要する。例えば、「○○は、××デパート××店において脅迫的な言辞を用いて金員を要求した」という情報であれば、○○から不当な要求を受けた場合、従前の例を参考に適切な対応を取ることも可能となるし、○○が取引の申込みをしてきた場合には、申込みを断ることもできる。その意味で有用な情報となり収集する意義がある。他方、「○○は、××デパート××店において店員にクレームをつけた」という情報の場合、「クレーム」の内容・態様・回数などにもよるが、その後の不当要求対応、取引拒絶などの場面で、あまり参考とならないこともあり得る。どのような行為情報をどの程度収集するかについては、当該情報がどの程度反社会的勢力の排除に繋がるか、企業の情報収集能力、情報管理能力などを勘案して、それぞれの企業が独自の基準を定めて対応する必要があると思われる。場合によっては、反社会的勢力であることの属性を推認させるような行為情報に限って収集し、データベース化するということも考えられる。

(4) その他の情報

(a) 個人を特定するための、住所、氏名、生年月日などの基本的な情報は当然収集する必要がある。顔写真、勤務先の会社名・住所・電話番号などの情報については、その必要性、有用性などを判断して収集すべきか否かを決することとなる。

(b) 「○○は暴力団××組組員と親交がある」「○○は暴力団××組事務所に出入りしている」などの情報については、これを○○の属性を推認させる、あるいは属性に関連する情報ととらえることも、逆にそれだけでは属性情報としては不十分だと考えることもできる。○○に関するグレーな情報は、新たな契約の締結や既存の契約の更新を拒むときには利用できるが、暴力団排除条項を適用して継続された契約関係を解消する理由としては不十分である。このような情報をどの範囲で、どの程度収集し、データベースに加えるかは、その情報をどのように利用しようとするかにより、各企業が判断することとなる。

3　情報の取得

(1)　情報の取得方法

(a)　各企業による情報取得

　各企業には、様々な相手方との取引状況等に関する情報が蓄積されており、それらの情報の中には、反社会的勢力に関する情報も含まれている。

　反社会的勢力は、不当要求等によって逮捕・起訴され、有罪判決を受けていることも多く、その事実が新聞、雑誌などで報道されることがある。過去の報道についても、インターネットで検索するなどして、反社会的勢力に関する情報を取得することができる。

　エセ右翼などは、自らウェブサイトを開設し、街宣車の写真を公表していることもある。

(b)　同業者からの情報取得

　反社会的勢力は、多数の企業を同様の手口で標的にする傾向があり、同業者間で反社会的勢力の情報を共有できれば有益である。そのため、企業間で共同のデータベースを構築することが望まれるが、指針解説でも指摘されているように、データベースの構築には企業間の信頼関係が

必要であること、反社会的勢力に対する取組みには企業間で温度差があること、民間企業の保有する情報には限度のあることなど様々な問題がある。

暴力団対策法は、「不当要求情報管理機関」（不当要求に関する情報の収集及び事業者に対する当該情報の提供を業とする者）という任意団体の仕組みを規定しており、現在、「財団法人競艇保安協会」「財団法人競馬保安協会」「社団法人警視庁管内特殊暴力防止対策連合会（特防連）」の３機関が不当要求情報管理機関に登録されている。暴力団対策法では、都道府県暴力追放運動推進センター（暴追センター）が、不当要求情報管理機関の業務を援助すると規定されている（暴対法31条）。一例を挙げると、財団法人競艇保安協会は、各地の競艇場からの反社会的勢力に関する問い合わせに対して暴追センターなどの協力を得て回答しているとのことである。

指針解説によると、警察庁、金融庁、日本証券業協会、東京証券取引所等による証券保安連絡会において、証券会社間における反社会的勢力に関する情報の集約・共有を行うための証券版〈不当要求情報管理機関（仮称）〉の設置が検討されており、今後指針の普及過程において、他の業界から証券業界と同様の要望があるならば、警察としては、証券保安連絡会における議論の推移を踏まえつつ、前向きに検討したいとのことである。

また、近時の新聞報道によると、全国銀行協会も反社会的勢力に関する情報のデータベースの共有化を検討し始めるとのことである。

各業界団体が、反社会的勢力に関する情報を共有し、あるいは不当要求情報管理機関の設置を図ることは、反社会的勢力から企業を防衛するという観点からも、また反社会的勢力を社会から排除するという観点からも極めて有効である。全国暴力追放運動推進センターが平成18年10月に実施したアンケート結果によると、「各業界ごとに、反社会的勢力に関する公開情報及び各企業からの情報を集約・蓄積し、加盟企業が情報

照会を行うデータベースを構築すること」について大部分の企業が肯定的である。各業界ごとに反社会的勢力に関する情報を共有するデータベースが早急に構築されることが望まれる。

(c) **警察からの情報**

都道府県公安委員会は、一定の要件を満たす暴力団を「その暴力団員が集団的に又は常習的に暴力的不法行為等を行うことを助長するおそれが大きい暴力団」(指定暴力団)に指定しており(暴対法3条)、そのため、警察は、膨大な量の暴力団情報を保有している。警察は、守秘義務を負っているが、国民を暴力団による不当な行為から守り、社会から暴力団を排除するため、警察の保有する暴力団情報を開示することがある。開示などの要件については、平成12年、警察庁から「暴力団排除等のための部外への情報提供について」(平成12年9月14日付警察庁暴力団対策部長通達)が出されており、同通達によれば、①暴力団による犯罪、暴力的要求行為等による被害の防止又は回復、②暴力団の組織の維持又は拡大への打撃、を要件として暴力団対策に資する場合、必要な範囲・内容で暴力団情報を必要とする者に提供するとされている。企業が暴力団員から不当な要求を受けているときは、①の要件を満たし、情報の提供を受けることができる。

(d) **暴追センターからの情報**

暴追センターは、暴力団員による不当な行為の防止及びこれによる被害の救済に寄与することを目的として設立された社団法人又は財団法人であり、公安委員会の指定を受けたものである(暴対法31条)。

暴追センターは、暴力団追放に関する広報、啓発活動、不当要求を排除するための講習会の実施、暴力団に関する相談、不当要求を受けたときの支援など様々な活動を行っている。反社会的勢力から不当要求などを受けたときには、暴追センターに相談すると、相手方に関する情報の提供や対応方法の指導を受けることができる。また、各企業が自ら情報収集に努め(自助努力)、同業者から情報を収集する(共助努力)などし

た後であれば、公助として、暴追センターから反社会的勢力に関する情報を取得できる場合がある。

(2) 情報の質と量
(a) データベース構築の目的は、反社会的勢力との関係を遮断することであるから、反社会的勢力に関する情報は、できる限り精度の高い、多くの情報を取得することが望ましい。

(b) しかしながら、精度の高い多くの情報を取得するためには相応の時間・労力・費用が必要とされ、あらゆる情報を取得することは不可能であるから、企業の規模、業種及び顧客層等から反社会的勢力と関係を持つ可能性などを考慮し、必要に応じて、取得する情報の質と量を調整する必要がある。

(3) 個人情報保護法との関係
(a) 個人情報保護法にいう「個人情報」とは、「生存する個人に関する情報であって、当該情報に含まれる氏名、生年月日その他の記述により特定個人を識別できるもの」である（個人情報2条）。

反社会的勢力に関する情報も、特定個人に関するものであれば、「個人情報」に該当し、その取扱いについては個人情報保護法の適用を受けることとなる。

(b) 個人情報保護法によれば、「個人情報取扱事業者は、個人情報を取得した場合は、あらかじめその利用目的を公表している場合を除き、速やかに、その利用目的を、本人に通知し、又は公表しなければならない」とされる（個人情報18条1項）。そこで、企業が反社会的勢力に関する情報を取得したとき、その利用目的を反社会的勢力に通知したり、公表したりしなければならないかが問題となる。

(c) この点について、指針解説は、企業が反社会的勢力による被害防止という目的に利用するために反社会的勢力の個人情報を取得すること

は、「利用目的を本人に通知することにより、従業員に危害が加えられる、事業者に不当要求等がなされる等のおそれがある場合、法18条4項1号（本人又は第三者の生命、身体又は財産その他の権利利益を害するおそれがある場合）及び2号（事業者の正当な権利又は利益を害するおそれがある場合）に該当し、本人に利用目的を通知または公表する必要はない」と述べている。

　個人情報保護法18条4項1号・2号は、例えば、総会屋による不当要求への対策を講ずるため、企業間で情報交換を行っているとき、総会屋本人に対する通知によって情報提供者が危害を受けたり（1号）、企業自身の権利が害される（2号）場合を想定した規定である。企業が反社会的勢力に関する情報を取得した場合、反社会的勢力に通知すれば、情報の取得自体を理由として不当な要求を受けかねない。反社会的勢力に関する情報の取得については、ほとんどの場合が個人情報保護法18条4項1号又は2号に該当し、反社会的勢力に対して通知や公表を求められることはないと思われる。

4　情報の利用

(1)　情報の利用方法

(a)　取得した情報は、その質、量ともに様々である。警察から取得した情報は一般的に精度が高いと考えられるが、その取得時期如何によっては再確認が必要である。インターネット・雑誌などの情報は必ずしも常に正確であるとはいえない。

(b)　取得した情報を利用する場合、その情報の精度如何によって利用方法を検討する必要がある。例えば、取引の申込みを受け、新たに契約を締結しようとしている場合であれば、相手方が反社会的勢力の疑いがあるというだけでも、契約自由の原則に基づいて契約を締結しないことができる。

他方、これまで継続的な取引関係があり、これを解消しようとする場合は慎重に対応する必要がある。相手方の債務不履行あるいは期間満了を理由とするのであれば問題は少ないが、暴力団排除条項を理由とする場合、後に訴訟となれば、当方において相手方が反社会的勢力であることを立証しなければならない。暴力団排除条項を理由とする場合は、追加調査をして最新の情報収集に努めるとともに弁護士と相談し、訴訟に耐えうる精度の高い情報を確保する必要がある。

(2) 個人情報保護法との関係

(a) 個人情報保護法によれば、「個人情報取扱事業者は、あらかじめ本人の同意を得ないで、前条（15条）の規定により特定された利用目的の達成に必要な範囲を超えて、個人情報を取り扱ってはならない」とされる（個人情報16条1項）。個人情報保護法は、無限定な個人情報の利用による本人の権利利益の侵害を防止するため、個人情報の目的外利用を制限しているのである。企業が、他の目的（例えば、顧客アンケートなど）で取得した反社会的勢力に関する情報を、反社会的勢力による被害の防止という目的で利用する場合、個人情報保護法16条に反しないかが問題となる。

(b) この点について、指針解説は、「こうした利用をしない場合、反社会的勢力による不当要求等に対処し損ねたり、反社会的勢力との関係遮断に失敗することによる信用失墜に伴う金銭的被害も生じたりする。また、反社会的勢力からこうした利用に関する同意を得ることは困難である。

このため、このような場合、法16条3項2号（人の生命、身体又は財産の保護のために必要がある場合であって、本人の同意を得ることが困難であるとき）に該当し、本人の同意がなくとも目的外利用を行うことができる」と述べている。

個人情報の目的外利用の大部分は、第三者提供であると考えられ、目

的外利用の例外規定（個人情報16条3項2号）と第三者提供の例外規定（個人情報23条1項2号）とは同趣旨の規定となっている。経済産業省のガイドラインによれば、個人情報保護法16条3項2号の具体例として「私企業間において、意図的に業務妨害を行う者の情報について情報交換される場合」が挙げられており、反社会的勢力に関する情報の目的外利用は正にこの具体例と同様であり、許される。

5 情報の提供

(1) 反社会的勢力は、多数の企業を同様の手口で標的にする傾向があり、同業者間で反社会的勢力の情報を交換・共有し、反社会的勢力の手口を把握・研究したり、不当要求などに対する具体的な対応策を検討することは極めて有益である。

(2) **個人情報保護法との関係**

(a) 個人情報保護法によれば、「個人情報取扱事業者は、次に掲げる場合を除くほか、あらかじめ本人の同意を得ないで、個人データを第三者に提供してはならない」とされる（個人情報23条1項）。そこで、企業が、データベース化した反社会的勢力の個人情報を、反社会的勢力による被害を防止する目的で、他の事業者、暴追センター等の第三者に提供することが個人情報保護法23条に反しないかが問題となる。

(b) この点につき、指針解説は、個人情報の目的外利用と同様の理由により、「法23条1項2号（人の生命、身体又は財産の保護のために必要がある場合であって、本人の同意を得ることが困難であるとき）に該当し、本人の同意がなくとも第三者提供を行うことができる」と述べている。

第三者提供の例外規定（個人情報23条1項2号）と目的外利用の例外規定（個人情報16条3項2号）は同じ趣旨の規定であり、反社会的勢力に関

する個人情報については、目的外利用の場合と同じ理由により、第三者提供も許される。

6 情報の保有

(1) 反社会的勢力に関する情報は、機密性が高く、情報が反社会的勢力側に漏洩すれば、そのことを理由として反社会的勢力から不当要求を受けかねない。反社会的勢力に関する情報の取扱いには十分注意し、情報を取り扱う専門部署を設置するとともに、情報を一元的に管理し、アクセス権者を制限し、アクセスの履歴を残すことが望まれる。

また、反社会的勢力に関する情報は、同業者、暴追センターなどと情報交換をするなどして、常に最新化・最適化を図るよう努める必要がある。

(2) 個人情報保護法との関係

(a) 個人情報保護法によれば、「個人情報取扱事業者は、保有個人データに関し、次に掲げる事項(個人情報取扱事業者の氏名又は名称、すべての保有個人データの利用目的、利用目的の通知手続など)について、本人の知りうる状態に置かなければならない」(個人情報24条1項)、「個人情報取扱事業者は、本人から、当該本人が識別される保有個人データの開示(当該本人が識別される保有個人データが存在しないときにその旨を知らせることを含む)を求められたときは、本人に対し、政令で定める方法により、遅滞なく、当該保有個人データを開示しなければならない」(個人情報25条1項)とされる。そこで、企業が保有する反社会的勢力に関する情報について、公表したり、反社会的勢力から要求があった場合に開示したりしなければならないかが問題となる。

(b) この点につき、指針解説は、「反社会的勢力の個人情報については、事業者がこれを保有していることが明らかになることにより、不

当要求等の違法又は不当な行為を助長し、又は誘発するおそれがある場合、個人情報の保護に関する法律施行令3条2号（存否が明らかになることにより、違法又は不当な行為を助長し、又は誘発するおそれがあるもの）に該当し、法2条5項により保有個人データから除外される。このため、当該個人情報については、法24条に定める義務の対象とならず、当該個人情報取扱事業者の氏名又は名称、その利用目的、開示等の手続等について、公表等をする必要はない。本人からの開示の求めの対象は、保有個人データであり、上記のとおり、事業者が保有する反社会的勢力の個人情報は保有個人データに該当しないことから、当該個人情報について、本人から開示を求められた場合、『当該保有個人データは存在しない』と回答することができる」と述べている。

　個人情報保護法は、「その存否が明らかになることにより公益その他の利益が害されるものとして政令で定めるもの」を開示すべき保有個人データから除外しており（個人情報2条5項）、ここにいう「政令で定めるもの」とは、「当該個人データの存否が明らかになることにより、違法又は不当な行為を助長し、又は誘発するおそれがあるもの」をいうとされる（個人情報保護法施行令3条2号）。暴力団による不当要求被害を防止するために作成している暴力団員等に係るデータや総会屋を本人とするデータは、その典型例とされている。反社会的勢力に関する個人情報は、その存否が明らかとなることにより不当要求を受けかねないときは、開示すべき「保有個人データ」に該当せず、「当該保有個人データは存在しない」と回答してよい。

Ⅲ　不当要求防止責任者講習の受講と社内研修

1　研修の必要性

(1)　反社会的勢力による被害を防止するためにどのような立派な宣言

やシステム、対応マニュアル等をつくったとしても、理解と実践が伴わなければ、なかば絵に描いた餅である。

　また、反社会的勢力による攻撃・接触が企業という組織に対して行われるとしても、現実には、役員や従業員等の個人が反社会的勢力に直接対応するのであり、反社会的勢力による被害防止や反社会的勢力との関係遮断を組織として実践するためには、宣言やシステム、対応マニュアル等に基づいた、個々の役員及び従業員による適切な対応が求められる。

　とはいえ、反社会的勢力は何の予告もなく企業組織に攻撃・接触してくることが通常であり、組織内のどこに攻撃・接触してくるか事前に明らかになることも少ない。また、近時の反社会的勢力は、実態を秘匿したまま攻撃・接触してくることが多いため、個々の役員及び従業員の場当たり的対応に任せたのでは、適切な対応を期待することはできない。

　そこで、反社会的勢力に対する適切な対応を個々の役員及び従業員に実践させるため、定期的な研修（後述の不当要求防止責任者講習の受講を含む。以下、社内における定期的な研修や不当要求防止責任者講習の受講を含め、単に「研修」という）が必要となるのである。

(2)　もっとも、個々の役員及び従業員に対する研修の実施には、多くの費用と時間を必要とする一方、その成果や効果を実感することは必ずしも容易ではない。そのため、経営陣の中には、研修に割く費用と時間を惜しむ向きもあるかもしれない。

　しかしながら、企業がいったん反社会的勢力と関係を持つことになると、当該企業が被害者となるだけでなく、反社会的勢力に企業の資金が流れて当該勢力の活動を助長し、あるいは、当該企業の社会的評価を低下させ、ひいては企業を存亡の危機に陥れることにもなりかねない。

　したがって、個々の役員及び従業員が反社会的勢力に適切に対応するために行う研修は、企業が経済活動をしていく上での必須事項であり、それに費やす時間と費用（両者をあわせた広い意味でのコスト）は、必要

経費としてとらえ、必ず実施しなければならない。

2　研修の位置付け

指針解説において、かかる研修は、内部統制システム上の統制活動の一部として位置付けられている。このように、研修の実施は、内部統制システムの一環としてとらえられており、また、（指針に法的拘束力がないとはいえ）指針が取締役らの善管注意義務の判断に際して参考にされることがあり得る以上、企業や役員にとって、かかる研修を実施することは、極めて重要である。

なお、カルテルに関するものではあるが、会社従業員が違法行為に関与したことに対する取締役の法令遵守体制構築義務違反の有無が争われた事案において、各種業務マニュアルの制定、法務部門の充実に加えて、従業員に対する法令遵守教育の実施を指摘して、取締役の責任を否定した裁判例（＊1）がある。

　（＊1）東京地判平16・5・20判時1871号125頁参照。

3　研修の対象者・内容

研修を実施するといっても、単に役員及び従業員を集めて講演会・研修会を開けばよいというものではない。研修は、企業内における個々人の役職や経験等に応じた実践的かつ効果的なものでなければならない。

そこで、以下、企業内の役職に応じた研修の対象者、望ましい研修の内容について概観する。

(1)　経営陣（管理職を含む）

経営陣が反社会的勢力に断固として立ち向かう姿勢を率先して示すことができるか否かによって、組織全体の反社会的勢力に対する対応は大

きく左右される。

　経営陣の中には、反社会的勢力と関係を持つことへの危機感が薄い者や、反社会的勢力を利用しようとする者さえ存在し得るが、前述のとおり、企業がいったん反社会的勢力と関係を持つことになると、企業を存亡の危機に陥れることにもなりかねない。

　そこで、経営陣に対しても、反社会的勢力との関係遮断の重要性を認識させるとともに反社会的勢力による被害防止のための定期的な研修を行う必要がある。

　経営陣に対する研修は、反社会的勢力との関係を遮断することの重要性や失敗事例の紹介等、基本的な事項の確認を主な研修事項とすることが想定されるが、かかる研修は、就任時のみならず、就任後も定期的に行うべきであり、業種に応じて1年から2年に1回程度行うことが望ましい。

　なお、企業内部の者を講師として研修を行った場合、講師が上司にあたる経営陣に対して忌憚のない講義を行うことが必ずしも容易でない場合も考えられることから、その場合には、警察や顧問弁護士、弁護士会（民暴委員会）等、外部専門機関の講師を積極的に取り入れることが効果的であると考えられる。

(2) 反社会的勢力対応部員

　反社会的勢力対応部署の担当者（以下「反社会的勢力対応部員」という）は、反社会的勢力に対峙する専門部員である。また、反社会的勢力対応部員は、反社会的勢力への対応に関する当該企業の指針やマニュアルを作成し、これを社内での研修や（後述の）反社会的勢力対応担当者を通じて社内各部署、及び支店・営業所に周知徹底させる職責を担っていることから、反社会的勢力対応部員への研修内容もこれらの職責に見合った実践的かつ専門的なものとする必要がある。

　具体的には、警察や暴追センター、特防連、各地の弁護士会等が提供

している出版物やビデオ教材等を用いて反社会的勢力との関係を遮断することの重要性や失敗事例等、基本的な事項の確認をすることはもとより、関係法令や対応マニュアル等の確認、対応マニュアル等を踏まえたロールプレイング等、すぐに活用できる実践的要素をふんだんに盛り込む必要がある。

そして、研修の実施に際しては、警察や顧問弁護士、弁護士会（民暴委員会）等、外部専門機関の講師を招聘し、反社会的勢力に対応するための専門知識やスキルを習得することが効果的である。

また、外部専門機関を通じて、研修内容の妥当性・実効性を定期的に検証することが必要である。

かかる研修は、反社会的勢力対応部員のスキルを維持向上する必要性・重要性に鑑み、少なくとも年に1回程度は行われることが望ましい。

(3) 反社会的勢力対応担当者

(a) 反社会的勢力対応担当者は、各部署や支店・営業所ごと（企業規模によっては、各部門・部署ごととなる場合もあるであろう）における反社会的勢力対応に関する責任者である。

反社会的勢力は、いつ何どき、組織内のどこに攻撃・接触してくるか分からず、第一次的に社内各部署、支店・営業所等に攻撃・接触を仕掛けてくることも十分に考えられる。かかる場合、反社会的勢力対応担当者は、当該部署、又は支店・営業所の従業員を指揮するとともに、反社会的勢力対応部署と連携して適切に対応する必要がある。

そのため、反社会的勢力対応担当者の研修も、反社会的勢力対応部員の研修と同等レベルの内容とする必要がある。

また、企業組織内の講師だけでなく、外部専門機関からも講師を招くことが望ましいのは、反社会的勢力対応部員の研修の場合と同様である。

かかる研修は、反社会的勢力対応担当者に就任した際及び就任後も定期的に（年に1回程度）行われることが望ましい。

(b) ところで、反社会的勢力対応担当者は、「不当要求防止責任者」を兼ねることが多いと思われる。

「不当要求防止責任者」とは、「当該事業に係る業務の実施を統括管理する者であって、不当要求による事業者及び使用人等の被害を防止するために必要な業務を行う者」（暴対法14条1項）であり、事業所ごとに原則として1名選任することが望ましい。不当要求防止責任者については、定期的に「不当要求防止責任者講習」が実施されており、反社会的勢力対応担当者の研修の一環として、同講習を受講することが求められる。

なお、同講習制度の詳細については、**4**で後述する。

(4) 一般従業員

繰り返し述べるとおり、反社会的勢力は、いつ何どき、組織内のどこに攻撃・接触してくるか分からず、必ずしも反社会的勢力対応部署（同部員）の所に攻撃・接触してくるわけではない。むしろ、そのような対応部署（部員）ではない一般の部署、支店・営業所の一般従業員が第一次的に直接対応する可能性のほうが高いと言える。そして、初期対応如何によって、その後の事案解決の難易度が左右されることから、平素より、一般従業員（パート、アルバイト、派遣社員を含む）も、反社会的勢力への対応方法を身に付けておかなければならないのである。

そこで、研修内容もそれに見合った実践的なものとしなければならないが、他方で、一般従業員は、その業務内容や企業内における立場（役職）、経験等が一様ではないことから、研修内容も、多様な一般従業員に対応可能な分かりやすいものとしなければならない。

具体的には、ビデオ教材等を用いた反社会的勢力に対応する際の基本的心構えの確認や、企業内・業界団体等で集積したデータベースや事例集等を参考に、具体例に則した対応マニュアルの確認を行うなど、一般従業員がイメージしやすい研修を行うことが必要である。また、対応マニュアル等を踏まえたロールプレイング研修を行うことができれば、よ

り効果的で望ましい（後掲の**図表3**「ロールプレイングシナリオ例」参照）。

　さらに、平素より、企業内のイントラネット等を通じて、反社会的勢力対応に関する当該企業の指針やマニュアル、事例集等にアクセスすることができる環境を整え、反社会的勢力からの攻撃・接触に対する備えを一般従業員自身が行うことができるようにしておくことが望まれる。

　また、研修の受講や受講成績を昇給や昇進の際の検討項目に加え、昇進試験項目に反社会的勢力への対応方法に関する項目を加えるなどして人事考課制度とリンクさせることにより、一般従業員による反社会的勢力に対する適切な対応を、より効果的に促進することができるものと思われる。

　そして、これらの研修は、すべての一般従業員に対し、（業種や企業規模等、個々の企業の事情に応じて）年に1回程度行われることが望ましい。

4　不当要求防止責任者講習

(1)　定　義

　前述のとおり、「不当要求防止責任者」とは、「当該事業に係る業務の実施を統括管理する者であって、不当要求による事業者及び使用人等の被害を防止するために必要な業務を行う者」（暴対法14条1項）であり、不当要求防止責任者については、公安委員会の委託を受けて、都道府県の暴追センターが定期的に「不当要求防止責任者講習」を実施している（暴対法14条2項・31条2項6号）。

(2)　講習内容

　「不当要求防止責任者講習」には、選任時講習、定期講習、臨時講習の3形態がある。講習内容は、暴力団対策法の解説、暴力団情勢と活動状況、暴力団の不当要求の実態、不当要求に対する基本的心構え・対応方法、不当要求を受けた場合の警察への通報方法、委嘱講師（弁護士）

による講義等である（詳細は後掲の**図表4**「不当要求防止責任者講習の実施基準」参照）。

　なお、選任時講習と定期講習との間には、概ね3年の間隔が設けられているため、その間の講習や研修は、企業自らが設定する必要がある。

　受講修了者には、受講修了書や「不当要求防止責任者選任事業所」のステッカーが交付される。また、講習会を通じて、暴力団追放運動等に関する各種ステッカー、ポスター等が入手可能であり、これらのステッカー、ポスター等を事業所に掲げることによって、反社会的勢力に対する抑止効果も期待できる。

(3) 受講方法

　講習を受講するには、（東京都内の場合、）各警察署の暴力団対策を担当する係に備付けの「責任者選任届出書」に必要事項を記載の上、事業所の所在地を管轄する警察署の暴力団対策を担当する係に提出する。講習の開催は、実施日の概ね1ヵ月前に通知される。

　なお、東京都の場合、警視庁のホームページから「責任者選任届出書」をダウンロードすることができる。

　http://www.keishicho.metro.tokyo.jp/tetuzuki/form/pdf/keiji/boutai003.pdf

第2章 統制活動

【図表3　ロールプレイングシナリオ例】

舞　　台　和菓子の製造販売を行っている中堅食品メーカーA社
登場人物　不当要求者：X
　　　　　Xの弟分：Y
　　　　　A社店舗の販売責任者：B
　　　　　A社の受付係：C
　　　　　A社のお客様相談室担当者：D、E

事実経過　　数日前にデパート内のA社店舗で和菓子を買ったというXが、大声で同店舗に押しかけた。Xの言い分は、A社の和菓子を「オヤジ」に食べてもらったら中毒になって入院したので、A社としての誠意を見せろ、とのことだった。
　　　　　　これに対し、Bは、Xに謝罪した上で、被害弁償するとの口約束をしてしまった。その後、Xは、A社の工場にも電話をかけ、中毒の原因はA社にあると一方的に決めつけ、1週間後にA社の本社に押しかけると告げた上で電話を切った。
　　　　　　そして1週間後、XとYがA社の本社を訪れた。

〔シナリオ例〕

	シナリオ	留意点
X	責任者はいるか？	
C	どちら様でしょうか？	
X	Xという者だが、工場の人から聞いているでしょう？	
C	うかがっております。どのようなご用件でしょうか？	・不当要求者の情報は共有化する。
X	お宅の和菓子のことに決まってるだろ。お宅の和菓子を食べて入院した人間がいるんだぞ。責任者出せよ。	
C	少々お待ちください。今、担当の者をお呼びします。お待ちの間、訪問者票にご記入をお	・責任者は出さない。 ・来訪者の氏名・住所・

	願い致します。	連絡先等を記録化する（あらかじめ書式を用意しておく）。
D	（DとEが来る）本件について担当しますお客様相談室のDです。こちらへどうぞ。（応接室のドアから遠い方へ通し、名刺を渡す）X様の名刺も頂戴できますか？（名刺を受けとる） （Yに対し）お連れ様のお名前も教えて頂けますか？	・できるだけ複数で対応する。 ・担当者は、ドアに近い方に着席する。 ・来訪者の素性を確認する。
Y	てめえ、なめたこと言ってんじゃねえぞ。	
D	教えて頂けない場合には、ご同席はご遠慮下さい。	
X	まぁまぁDさん。こいつは私の弟みたいな者ですよ。 （Yに対し）お前も大きな声出すんじゃねえよ。	
D	分かりました。ただ、今後も乱暴な発言を続けられるようですと、退席して頂くことになりますので、宜しくお願いします。 ところで、これから別の予定が入っておりますので、30分位しかお話できませんが、ご了承下さい。	・あらかじめ終了時間を指定して対応する。
X	なんだ、ずいぶん短いな。ところで、Dさん。あんたみたいな下っ端じゃなくて、責任者出せって言ったんだがね。	
D	私が本件の担当者ですので、私がお話を承ります。	・あくまでトップ（責任者）は出さない。
X	まぁ、いいだろう。 （タバコを取り出し）ちょっと灰皿持ってきて。	

D	申し訳ございません が、全館禁煙となっておりますので、おタバコはご遠慮下さい。	・灰皿等の凶器となりうるものは、置かない。
X	客にタバコも吸わせないのか…。 それと、この会社はお茶も出ないのか？まともな従業員教育もできないから、まともな商品もできないんじゃないのか。	・湯茶の接待は長居を助長するので不要。
D	ご忠告ありがとうございます。 ところで、本日はどのようなご用件でしょうか？（Eが録音機を作動させ、Xらの手の届かないところに置く）	・挑発には乗らない。
X	おい、その録音機は何だ？	
D	本日の面談内容を正確に記録し上司に報告するためのものですので、ご了承下さい。 それで、どのようなご用件でしょうか？	・録音に抵抗を示す場合には、面談を拒否してもよい。
X	うちの「オヤジ」がお宅の和菓子を食べて中毒になった。だから、その代理として話に来たんだ。	
D	それでは、X様は、「オヤジ」という方の代理人ということですね。その「オヤジ」という方のお名前とご連絡先を教えて頂けますか？	・問題の当事者が誰なのかを確認する。
X	名前は■■▲▲だよ。俺が代理人なんだから、連絡先は別に知らなくていいだろ。	
D	それではご本人の意思確認ができませんので、困ります。代理人ということでしたら、その方からの委任状はお持ちですか？	・相手が第三者の代理人の場合、委任関係を確認する。
X	そんな物は持ってない。	
D	それではご本人の意思確認ができません。ご本人のご連絡先を教えて頂けますか？	・本人の意思確認ができない状態で話を進めない。

X	俺が代理人だと言っただろ。	
D	委任状もお持ちでない、また、ご連絡先も教えて頂けないということですと、弊社としてご本人の意思確認ができませんので、これ以上、X様とお話を続けることができませんが、よろしいですか？	
X	…いいだろう。じゃあ、教えてやる。●●■■1-2-3だ。 それで、どう責任を取るつもりだ？	
D	その件につきましては、調査の上、ご回答させて頂きたいと存じます。 ところで、ご購入されたレシートや商品をお送り頂けますでしょうか？	・曖昧な回答はしない。 ・原則として、原因を確認しないまま賠償等には応じない。
X	そんなものは残ってない。それより、お宅の商品を食べて、入院した人間がいるんだぞ。誠意見せろ。	
D	その件につきましては、調査した上で、ご回答させて頂きます。	
X	（メモを取るEに対し）兄ちゃん、さっきから何勝手にちょこちょこ書いてるんだ？	
E	（自信を持って）お話の内容を間違いがないように記録させて頂いております。	
X	じゃあ、しっかり書いとけよ。 （Eに対し）ところで、兄ちゃん。自分の会社で作ったものでお客が病気になったら弁償するのが当然だよな？どう思う？	
E	私は、お答えする立場にはございません。	・記録係は、記録に徹し、余計な発言はしない。

X	何だと。お宅ら、デパートのBを知ってるな？Bがちゃんと責任を認めて、賠償するって言ってるんだぞ。ここに、ちゃんと責任を認めますと、一筆書いてくれよ。（中毒の責任を認め、損害を全額賠償する旨の念書を差し出す）	
D	申し訳ございませんが、法的な責任については、事実関係をしっかり調査した上で、弁護士に相談致しますので、この場で書類を作成することはできません。また、法的責任を超える対応をご希望ということであれば、それについては、お断り致します。 それでは、次の予定がありますので、終了とさせていただきます。どうぞお引き取り下さい。	・「一筆書いてくれ」には絶対に応じてはいけない。署名や押印を求められた場合も同様。 ・退席の申し出をはっきり告げる。
X	もう終わりかよ。じゃあ、ちゃんと検討しますとノートにでも書いて渡したらどうなんだ。	
D	先程申し上げたとおり、この場で書面を作成することはできません。時間ですので、どうぞお引き取り下さい。	
X	分かったよ。また来させてもらいますよ。	

【図表4　不当要求防止責任者講習の実施基準】

講習事項	講習細目	内容等
暴力団の現状と動向	暴力団の現状、最近の暴力団の特徴、暴力団の排除対策及び取締りの現状等	暴力団の組織原理・人的要素・暴力団における資金の流れ等、暴力団犯罪の現状、暴力団の寡占化・資金獲得活動・対立抗争・暴力団と銃器・薬物・暴力団の国際化等、警察が進める重点施策
法その他不当要求による被害を防止するために必要な法令	暴力団対策法等	指定暴力団等の指定、暴力的要求行為の規制、暴追センターの概要、具体例を交えた暴力的要求行為の解説、代表的な暴力的不法行為等にあたる禁止行為
責任者が講習細目に掲げる業務を適正に実施するために必要な知識及び技能	不当要求に応対する使用人等の対応体制の整備に関する業務、使用人等に対する指導・教育の実施に関する業務、不当要求による被害が発生した場合の状況・原因等の調査及び警察への連絡等に関する業務、その他不当要求による事業者又は使用人等の被害を防止するために必要な業務	応対責任者として必要とされる資質及び心構え、警察への連絡方法、組織的応対のあり方、応対場所の施設・装備面での留意事項、不当要求の実例、具体的応対要領、応対要領の教育方法、被害の原因・調査等の方法、証拠の収集方法、効果的通報体制、不当要求情報の収集方法、同業種の事業所間相互の効果的連絡方法、警察が行う暴力団排除運動に対する協力方策

IV 統制手続

1 基本方針・規程・マニュアルに従った対応を確保する統制手続

　反社会的勢力との関係遮断等を的確に行うためには、単に基本方針・規程・マニュアル等を作成するにとどまらず、これらを如何に役員及び従業員に徹底し、遵守させるか、そのための全社的な仕組みづくりが重要となる。わが国経済界においてこれまでも反社会的勢力との関係遮断等が繰り返し叫ばれてきたにもかかわらず、さほど対策が徹底されなかった原因は、まさにこの現場への周知、徹底の仕組み・手続が具体的に整備されていなかったことにもある。以下、各部署、支店・営業所（以下「各部門、各現場」あるいは単に「現場」という）に対する周知徹底の仕組みについて説明する。

(1) 現場の統制環境の重要性

　反社会的勢力対応に関して、各部門、各現場における基本方針、規程、マニュアル等の理解を深め、これらを徹底するためには、ただ規程やマニュアル類を従業員に配布すれば済むという話ではない。統制手続を徹底することは、実は当該組織や各部門、各現場における適切な統制環境なくして達成することは困難である。その意味で、各部門、各現場の統制環境整備は、極めて重要である。企業総体としての統制環境と同様、淀んだ風土と統制環境の下では、統制活動が実質的に機能しない。そこで、まず、各部門、各現場の統制環境として、以下のような状況が生じていないかをチェックしてみることが望まれる。

　□反社会的勢力対応を含めたコンプライアンス全般に関して、現場トップ、管理職の姿勢が消極的である。
　□反社会的勢力との関係遮断について部長、支店長など職場責任者

(以下「場所長」という)の考え方が明確でない。
☐場所長や管理職が現場でのコンプライアンス教育に後ろ向きである。
☐反社会的勢力との対応について、担当者へのサポートがなく、すべて担当者任せである。
☐場所長や管理職が悪い報告に冷淡で、報告しにくい雰囲気が蔓延している。

　まず、現場での従業員の理解と周知徹底を図ろうとするならば、上記のような職場の風土・環境を抜本的に見直すことから始めなければならない。これを怠って、いくら規程の徹底を説いたところで現場への浸透は難しい。現場の統制環境を改善するためには、場所長や管理職層に対する、組織的・継続的かつ徹底した反社会的勢力対応教育が繰り返されるべきである。

　また、こうした研修にとどまらず、場所長及び管理職層に対しては、反社会的勢力対応を含むコンプライアンス全般への取組み等を、高い比重で評価するような人事評価の枠組みも併せて検討すべきである。

(2) 基本方針・規程等の継続的な確認手続

　反社会的勢力との関係遮断は、コンプライアンス上最も重要な方針の一つとして社内に提示されることが不可欠である。このために、各部門、各現場で反復継続的な基本方針や規程等の確認手続が設定される必要がある。その確認手続、周知の方法としては、以下のようなものが考えられる。

・場所長等が作成する各部門、各現場の運営方針、業務計画等で反社会的勢力との関係遮断等を明確に宣言することを求める。
・場所長が先頭に立って、反社会的勢力との関係遮断を含む基本方針及び各種手続を解説する。
・毎日、もしくは定期的に朝礼・終礼等で基本方針・規程・マニュアル等を唱和したり、読み合わせをする。

・各グループ単位での勉強会を実施する。
・定期的に、テスト形式で基本方針の理解度を確認する。
・個人面談等の際に基本方針の理解度を適宜チェックする。

　上記の統制環境整備の重要性に鑑みても、場所長や管理職層が、積極的にこうした取組みを主導し、ときにサポートするといったことが最も重要である。反社会的勢力対応の徹底を部下や反社会的勢力対応担当者に丸投げすること、形だけの研修や基本方針の読み合わせを行うといった姿勢は許されない。内部監査等でも、場所長の取組姿勢等を徹底して検証することが望ましい。

(3) 対応マニュアル等の理解・遵守

　日常業務における実務ルールの大半は各種マニュアルに記載されているため、これを理解させ、遵守させつつ、広範にチェックする仕組みが求められる。とくに取引相手等（反社会的勢力に該当するか否か）と取引内容等（不当要求に該当するか否か）の判別は重要であり、具体的なマニュアルの理解度と業務執行を検証することが大切である。

　また、反社会的勢力に係る社内データベースの利用方法等も併せて理解しなければならない。そのために、データベースの利用方法に係る研修、利用マニュアルの使いやすい状態での保管（利用者一人ずつに配布、専用端末脇に備え置く等の対応が図られているか）、ダブル・チェックやクロス・チェックの仕組み等が周知される必要がある。

　反社会的勢力に係る社内データベースに格納されていない取引先等（疑わしい取引先等）の判別についても細かく配慮する（例えば、以下の項目等を勘案した判断が行われているか）。

① 役員の氏名・略歴、財務諸表、主要取引先など会社の基本情報の提供を拒否していないか。

② イメージ広告を積極的に行う一方、取引内容や財務状況等に関する情報開示に消極的ではないか。

③ 社名（商号）、役員、本社所在地、取引金融機関等が頻繁に変更されていないか。
④ 登記上の所在地と実質的な営業地が異なっていないか（創業地から本社機能を移転している場合を除く）。

2 場所長、反社会的勢力対応担当者による統制、承認、チェック

各職場に配置されている反社会的勢力対応担当者（通常業務と別にコンプライアンス推進に関する職責を負う者が担当するものと考えられる）による統制、承認、チェック活動には、現場で即時、随時に対応できるメリットがある。一方、場所長等の判断のみに依存した統制手続は、部門間のバラツキを生じやすく、通常業務に追われ十分な作業時間を確保しにくいというデメリットもある。

このため、場所長、反社会的勢力対応担当者が行う統制活動の実効性を高めるためには、経営陣が場所長等の権限や業務量を的確に把握し、本部と現場サポートのバランスを図ることが重要である。

(1) 本部・場所長等による統制

まず、場所長等の判断に過度に依存した統制手続に陥らないよう、組織的な体制を構築することである。場所長等の業務範囲（権限）と業務量（承認・チェック件数等）を的確に把握し、何でも現場に押し付けてはならない。

例えば、新規先との取引開始にあたっては、以下の方法等により本部組織が関与し、場所長等に過度に依存しないことが必要である。

・場所長のほか、本部所管部門長（営業本部長、調達本部長など）の承認を条件とする。
　　——部門を跨ぐクロス・チェックが行われるようにする。

> ・顧客管理システムへの登録は、事務部門が集中的に行うこととする（システム上、取引等の主管部署による登録を禁止する）。
>   ――事務部門が契約等の主管部署となる場合は、コンプライアンス部門長の承認を条件とする。
> ・顧客との金銭の受払（口座振替）は、資金部門が集中的に行うこととする。
> ・資金部門以外の部署では、小額（50万円など）の現金以外は保有できないようにする。
> ・小切手、手形を利用しないようにする。
>   ――必要最小限の小切手、手形は、資金部門が集中的に管理する。

　こうした業務運営体制を構築すれば、仮に場所長が反社会的勢力につけ込まれた場合でも、取引関係の発生や金銭の支払いを食い止めることがある程度可能となる。

　また、場所長の承認・チェックが形骸化しないように課長・次長等の中間管理職への権限委譲や本部による集中決裁（場所長に決裁権限を負わせない）を組み合わせることも有効である。

　コンプライアンス全般を担当する反社会的勢力対応担当者についても、反社会的勢力への対応を業務の一つとして明確に位置付けた上で、全体の業務量を調整することが不可欠である。

(2) 場所長等による統制手続

　場所長は職場の責任者として担当者の業務内容を確認、承認する立場にある。組織の規模や業務内容にもよるが、通常は事務処理としての要件がすべて整った段階で承認を行うことになる。

　反社会的勢力への対応については、データベースに登録されていないものの、企業舎弟とみられるような先との取引可否、指定暴力団の構成

員からの製品クレーム対応等、形式的に判定し難い要素が含まれる案件につき、実質的な観点から判断を下すことが求められる。

現場の反社会的勢力対応担当者の場合、企業により位置付けが異なるため様々な役割・機能が考えられるが、一般的には、以下の役割等が想定される。

> ・現場担当者からの相談受付け
> ・現場担当者、場所長等に対する指導・研修
> ・現場担当者案に対する審査・承認
> ・場所長承認事項に対する審査・承認
> ・反社会的勢力対応部署の部門長等への報告

(3) 場所長等による事後チェックの仕組み

一般に、場所長等には、事前の承認権限のほか事後のチェック機能を果たすことが求められる。この事後チェック機能を通じて、反社会的勢力との不適切な関係を検証する仕組みが考えられる。たとえ一時的に現場の担当者等が反社会的勢力との対応を誤り、不適切な関係を持ってしまった場合でも、金銭の支払いを伴う手続のチェックによってこれを早期に把握できる仕組みが重要である。

この事後検証プロセスにおいては、業務運営マニュアル等の形式的な遵守状況の点検や各手続のサンプル・チェック等を取り入れることにより、効果的、効率的な事後検証を行うことがポイントになる。この点、過度な作業負担は、チェック機能の形骸化にも繋がりやすいため、効果と手続のバランスに配慮した体制の構築が望まれる。

例えば、新規取引先に係る各種書面の入手（登記簿謄本、印鑑証明、会社案内、役員略歴書、財務諸表等）、データベースへの照会状況（社内、社外〈信用調査会社〉の情報）などは、場所長等がサンプル抽出を行い形式的に手続の遵守状況を確認するといった対応も考えられる。

一方、長期・多額の契約等については、その適切性を深く検証することが求められる。

例えば、形式チェックでは反社会的勢力に該当しないものの、疑わしい要素がみられる先の取引審査については、場所長と本部部門の専門家（反社会的勢力対応部署）による掘り下げた検証を行うことが考えられる。隠し事が多い、ビジネスに関する具体的な情報（業務内容の詳細、取引先等）が乏しい、発言内容が頻繁に変わる、といった先は何らかの事情を抱えている可能性がある。こうした先の審査が安易に行われていないかを、法務部門やコンプライアンス部門等があらためてチェックすることも意義がある。

なお、より効果的な現場チェックを行うために、場所長と反社会的勢力対応担当者のチェック方法・項目を変える、交互に（1ヵ月ごとなど）チェックするといった対応も考えられる。

V　人事考課システム

1　適切な人事考課システムの必要性

役員及び従業員のコンプライアンスに対する意識を高め、反社会的勢力との関係遮断を徹底するためには、対応マニュアル等の整備だけでは十分ではない。従業員の行動をあるべき方向に導くには、人事考課を含めた全社的な人事評価システムも反社会的勢力対応等を強く意識したものに改めていくことが求められる。

反社会的勢力への対応に関する公平な人事評価は、従業員のモラル向上と企業に対する信頼を高め、企業理念や経営者の倫理的価値観を共有させるベースとなる。高い倫理基準と法令や社内ルール遵守に対し公平な評価がなされ、これを社内に周知することは、コンプライアンス意識の高揚に繋がるものである。当然のことではあるが、人事考課は以下に

述べるように営業成績等の目に見える結果だけでなく、従業員による企業倫理の認識、実践など内部統制上の取組みに対しても同様に行われなければならない。例えば、職務分担一覧表、職能基準表、人事評価マニュアル等の中に反社会的勢力の認識や関係遮断の取組みを例示する等、人事評価プロセスで積極的にこれらの評価要素を取り入れるべきである。

　反社会的勢力との関係遮断を念頭に置いた人事評価システム構築のポイントは、第一に従業員に評価基準やポイントを明示的なものとすることである。反社会的勢力を含めた対応の中で何が問題であったかを従業員に明確に認識させることは、適切な判断を導くためのシグナルとなる。これらの基準や評価要素を、事前にコンプライアンス・マニュアル、人事評価シート、評価シート記入の手引き等に明記して従業員に明示することが考えられる。

　第二に、人事考課を行う際にはできる限り結果を被評価者本人にフィードバックすることである。これによって、評価システムに対する納得感・信頼感を確保し、マイナス評価を是正するためのより具体的な動機付けを提供することが可能となる。改善を要すると評価された行動については研修等を通じて是正されるよう、指導・援助が十分に実施されることが望ましい。

　第三のポイントは、評価を人材配置のための主要情報として活用することである。単に昇格・昇給等の基準とするだけでなく、評価をとおして明らかになった本人の適性等を的確に把握し、より有効な人事配置を行うことが求められる。企業倫理、コンプライアンスの意識と取組姿勢が積極的な者等に対してはその特性が発揮できる中枢部門やコンプライアンス部門等へ配置する、また、これらに問題のある者はコンプライアンスリスクの高い部署への配置は避ける等の組織的対応が考えられる。

　反社会的勢力による不当要求に応じることや、反社会的勢力と知ってこれと取引を行うことなどは、企業にとって甚大なリスクをもたらし得る。この意味からも、その対応状況等を人事考課の中に積極的に組み入

【人事（考課）プロセス】

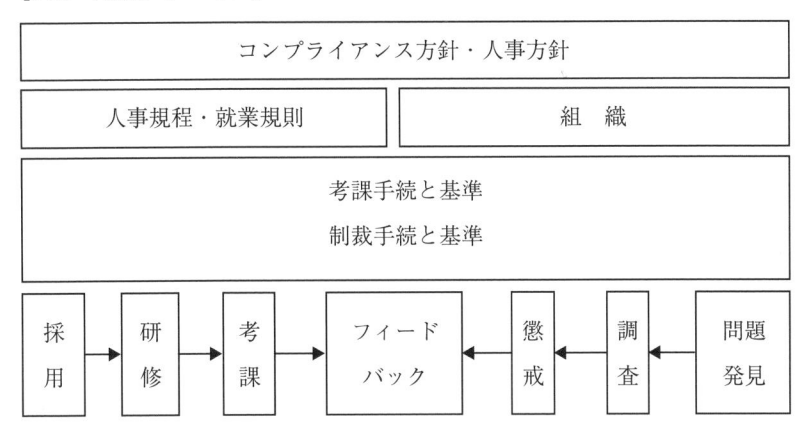

```
┌─────────────────────────────────────────────┐
│          コンプライアンス方針・人事方針          │
├──────────────────────┬──────────────────────┤
│    人事規程・就業規則    │       組    織       │
├──────────────────────┴──────────────────────┤
│              考課手続と基準                    │
│              制裁手続と基準                    │
└─────────────────────────────────────────────┘

┌───┐  ┌───┐  ┌───┐  ┌─────┐  ┌───┐  ┌───┐  ┌───┐
│採用│→│研修│→│考課│→│フィード│←│懲戒│←│調査│←│問題│
│   │  │   │  │   │  │バック  │  │   │  │   │  │発見│
└───┘  └───┘  └───┘  └─────┘  └───┘  └───┘  └───┘
```

れ、考課基準や効果のポイントを明示し、人事システム面からも反社会的勢力との関係遮断を支援することが重要である。

2 コンプライアンス意識を高める人事考課

では、実際に反社会的勢力対応を人事考課に組み入れるとした場合の具体的なポイントはどこにあるか。

人事考課は、一般に「ある人物の業績達成度合いに対する評価（業績評価）」と「その者の業務能力に対する評価（能力評価）」の2種類に分類される。ここで「業績評価」とは、経営環境が安定した局面での目標と成果の差を埋める能力であるのに対し、「能力評価」とは環境が変化した局面で、あらためて成果を生みだせるかの素養を重視するもので、いかなる工夫や判断を行うかが評価される。そして、反社会的勢力対応を含むコンプライアンスへの取組姿勢等は、原則として「能力評価」の中で評価されることになる（もっとも、取組みが具体的に業務課題として与えられている部署等では個々の施策の達成を「業績評価」項目とすること

【一般従業員の考課制度イメージ（例）】

```
Ⅰ 業績評価（配点60点）

Ⅱ 能力評価（配点40点）
　①上司の指示等の理解力・説明能力
　②他の従業員とのコミュニケーション力、調整力
　③部下指導力
　④自己啓発意識、能力
　⑤仕事に対する責任感
　⑥仕事の正確性、迅速性
　⑦コンプライアンスの意識と取組姿勢
```

も可能である)。すなわち、一般の部門では、「能力評価」の中に「コンプライアンス意識や取組姿勢」といった項目を定め、企業が確立した経営理念や倫理基準を踏まえた望ましい考え方や行動を積極的に評価する仕組みが求められる。例えば、顧客から社内基準に反する追加的サービス提供を求められたときに、会社の経営理念、倫理基準に則って顧客に十分説明したか、サービス対応が基準に反する場合は、たとえ短期的に利益になろうとも断固としてこれを拒否しているかが評価されるべきである。業績達成のみを評価するシステムの下では、結局数字を上げたかどうかだけが重要となり、倫理基準や社内ルールは絵に描いた餅になりがちである。いかに罰則を厳しくしようとも、ばれたらやめればよいという淀んだ風土を生みがちになる。一方、適切な倫理基準対応が確実に評価されることが広く認識されれば、反社会的勢力の不当要求に安易に応じることもなくなるであろう。

　さらに具体的な人事評価項目として、**図表5**のような基準が考えられる。有事における対応を評価基準に加えることは、事例が発生ベースと

【図表5　人事評価項目の具体例】

反社会的勢力対応部署	基本方針の各部署への周知徹底の状況
	各従業員への研修の実施状況
	各部署からの照会への対応の適切性
各部署のコンプライアンス担当	部署内の従業員への基本方針の周知徹底状況
	部署内の従業員への研修の実施状況
	反社会的勢力に関する情報収集
各従業員	研修への参加状況
	社内マニュアルの理解度
	社内報告手続の実践
	対応不備の有無

なること、主観的な判断になりがちであること、明確な基準を設定することが容易ではないことなどの難点はある（後述するとおり、明確な問題事案が発生した場合の懲戒措置を除く）。もっとも、これを部店等の評価とすることは可能である。反社会的勢力の不当要求等に対して具体的対処内容や対処結果・報告件数等によって、部門単位の取組みを評価することはできる。

　個人の人事考課において、独立的な考課要素に採用することはなかなか難しいものの、①評価基準例や判断材料の要素に敢えて反社会的勢力対応のポイント追記する、②参考事例として反社会的勢力への対応例を明示するといった対応も考えられる。反社会的勢力との関係遮断に貢献した従業員や部店があれば、部店を含めた表彰の対象とするなども一案である。こうした表彰システムは、前向きな取組みを奨励するインセンティブ効果が十分に期待できる。

　さらに、従業員採用に際しての評価基準として、「企業理念や倫理基準への理解度、共感度」等を取り入れるとともに、その基準を内外に公

表することにより、反社会的勢力対応を含めた、コンプライアンス重視の風土を社内外にアピールすることが可能となる。

3　人事制裁のプロセス

　いかに高度な内部統制システムを構築したとしても、反社会的勢力との不適切な関係等が発生する可能性はゼロにならない。そこで、実際にそのような事例が起きた場合、適切な人事制裁プロセスを整えることによって厳格・公平な社内処分を実施し、高い倫理観を備えた企業風土を維持し、同時に役員及び従業員への警告効果等を図っていく必要がある。

　日本の企業では、人事処分はともすれば不透明になりがちである。会社としてもあまりおおっぴらにしたくない事柄だからである。また、問題行為の動機が部分的にせよ「会社のため」である場合、特に厳しい制裁を科しにくいという意識もまだ残る。しかし、反社会的勢力につけ込まれるリスクに鑑みれば、下手な同情論に流されることなく、問題行為に対しては断固たる姿勢で臨むことが不可欠である。そのためにも、明確なプロセスと判断基準づくりが必要なのである。問題行為に対して明確な制裁が予告されない場合、反社会的勢力対応で安易な解決法に頼ろうとする誘惑に負けるリスクも十分考えられるが、人事処分が適切な手続に沿って、公平に行われることが明らかにされていれば、そうしたリスクはかなりの程度抑制されることになろう。

4　人事制裁に関する規程等

　人事制裁を決定・実行するためには、制裁の目的・種類・処分決定の方法等が規程に明確に定められていなければならない。いわゆる「懲罰規程」である。懲戒処分に関する独立した規程を設けている企業もあるが、一般には「就業規則」に内包して規定する場合も多い。いずれにし

ろ、反社会的勢力との関係遮断が重要であることが明確に伝わるように他の処分項目からは独立させて明記することもポイントとなる。

　制裁・懲戒の種類として一般的には処分の軽いものから順に「戒告」「譴責」「減給」「停職」「降格」「解雇（懲戒解雇もしくは諭旨解雇）」等がある。どのような種類の処分を設定するかは各企業の判断に任されるが、これらの処分の意味するところ及び対象となる行為の例を明示しておくことが望ましい。

　「解雇」については労働者の生活手段を奪うことになり、労働者に対して著しい不利益をもたらす処分であることから特に十分な検討を経た上で公正かつ適正に決定される必要がある。懲戒権に係る裁量は基本的には各企業に委ねられているが、社会通念に照らして合理性を欠かないものであるよう慎重に判断される必要はある。

5　制裁手続

　実際に社内規則違反にかかる事例が発生した場合には、事件の発覚から懲戒処分を決定するまでの手続を明確に規程等で定めておき、これに則って対処することになる。

　まず、事実が報告された場合、コンプライアンス部門等が事実の詳細な調査を行う。この場合、公正な調査を行うために、当事者はもちろん、当事者が所属する部門長等の関係者を調査メンバーにすることは避ける。コンプライアンス部門等によって調査された事例は、当事者から独立した組織において十分な審議がなされなければならない。このためには「懲罰委員会」等の独立した専門の会議体を置くことも考えられる。委員会には代表取締役等も委員として参加すべきである。委員会は、人事部等特定の部署や経営陣等からの不当な影響を受けることがあってはならない。

　委員会等の審議を経て決定された処分は速やかに当事者に伝えられる

べきである。この場合、処分理由のみならず処分決定に至る理由等も当事者に開示することを検討しておく。なお、処分決定に際して、当事者に適切な弁明の機会を設けることも必要であり、例えば、違反行為が行われるに至った背景として反社会的勢力による過酷な脅しもしくは暴力行為がなかったか、など違反行為が行われた背景を十分に検討する必要があることは言うまでもない。

6 処分の社内発表

　そもそも懲戒処分を行う意義の一つとして、その事実を他の構成員に知らしめることによる抑止効果が挙げられる。そのため、処分の理由・内容等は原則として社内において公表されるべきである。ただし、公表にあたっては、当事者のプライバシーや外部者による情報の悪用に最大限配慮する必要があり、公表方法や水準を定めた公表基準も併せて設けることが望ましい。公表方法は、社内掲示やイントラネット等での開示とし、①原則として実名は開示しない、②詳細な事実関係は記載せず、概要にとどめる、③処分と判断基準を明確にする、等の工夫があり得る。ごく軽微な社内規則違反に対し、見せしめ的に公表するなどの過剰対応は避けるべきである。

　反社会的勢力による不当要求は、社内の過去の法令等違反事例や不祥事につけ込んで行われるものも多く、これを防止する観点から実際に起きた事例の情報取扱いには十分な配慮を要する。万が一、違反事例の実態が外部に漏れ、当事者であるところの反社会的勢力もしくは他の反社会的勢力の知るところとなってしまった場合、これを材料として新たな不当要求をされる可能性があり、最大限の注意が必要である。

【懲戒のプロセス】

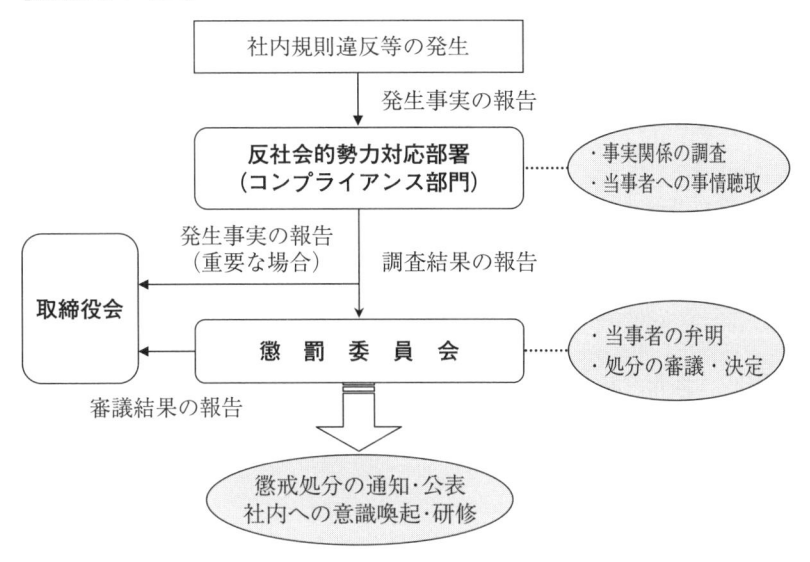

```
社内規則違反等の発生
        ↓ 発生事実の報告
反社会的勢力対応部署        ・事実関係の調査
（コンプライアンス部門）     ・当事者への事情聴取

   発生事実の報告
   （重要な場合）   調査結果の報告
取締役会 ←─────
                 懲 罰 委 員 会     ・当事者の弁明
         ←─────                   ・処分の審議・決定
   審議結果の報告
                      ↓
              懲戒処分の通知・公表
              社内への意識喚起・研修
```

7　違反行為の程度に応じた公平な処分

　制裁・懲戒は、まず、すべての従業員に対して公平かつ厳正に行われなければならない。個々の事例により情状酌量の必要がある場合もあるが、安易な例外と温情は避けるべきである。原則として、同種同様の倫理規程違反や社内規則違反に対しては同様の処分がなされるべきである。特定の者に不公平な処分がなされた場合、会社の取組姿勢への疑問を生じ、結局人事システム、内部統制システム全体が瓦解する可能性がある。特に高位の従業員、業績優秀者等を特別扱いすることは会社として命とりなることに留意する。

　また、違反行為への処分は、行為者の地位・責任に応じたものが検討されなければならない。高位の従業員、責任ある部門の従業員であればその分厳しく評価されるべきだろう。現場従業員に責任を押し付けて場

所長や管理職層だけが処分を免れるといった事態はあってはならない。取締役等役員レベルの者が違反行為に加担した場合、場所長、管理職等が違反行為を行った場合、一般従業員が違反行為を行った場合など、階層別に処分の種類や程度、方法を事前に定めておくことも考えられる。

　取締役（執行役）及び監査役に関しては、会社と各個人の法的関係が従業員の場合とは異なる（委任）ことから、会社が従業員と同様の処分を行うことはできない。しかし、何もしないということでは従業員に示しがつかないため、取締役会や監査役会での決議事項等として、自主基準（コンプライアンスに関する自主対応基準）を設けて、問題があれば各取締役・監査役はこれに従うという規程等の工夫が望まれる。

第 3 章　報告と伝達の手順化

I　連携の必要性・重要性

　指針では、「外部専門機関との連携」を基本原則の一つとして挙げており、これに基づき、
　①平素からの対応として「外部専門機関の連絡先や担当者を確認し、平素から担当者同士で意思疎通を行い、緊密な連携関係を構築する。暴力追放運動推進センター、企業防衛協議会、各種の暴力団排除協議会等が行う地域や職域の暴力団排除活動に参加する」こと
　②有事の対応として「積極的に、外部専門機関に相談する」こと
を求めている。
　反社会的勢力への対応の一環としての外部専門機関との連携確保は、取締役等の善管注意義務の観点からも極めて重要な事項である。この点、判例でも「警察に届け出るなどの適切な対応をすることが期待できないような状況にあったということはできないから、……やむを得なかったものとして過失を否定することは、できないというべきである」として、外部専門機関との連携（本件では警察への届出）が図られているか否かを、取締役の過失を基礎付ける一要素として考慮するものがある

（＊１）。

　併せて、指針では「有事における民事と刑事の法的対応」を基本原則の一つとし、「反社会的勢力による不当要求に対しては、民事と刑事の両面から法的対応を行う」としている。企業において有効に法的対応を実践するには、外部専門機関との連携を図り、法律専門家等の関与・協力を得ることもまた不可欠である。

　このように外部専門機関との連携を深め、法的手続において毅然とした対応を行おうとする姿勢は、それ自体が反社会的勢力に屈することのない企業意思を明確にして、さらなる不当要求を防止することとなる。また、それにより、社会からの信頼向上も期待できる。

　（＊１）最判平18・4・10判タ1214号82頁。

Ⅱ　連携の具体的対応・内容

1　有事の際の連携

　有事の際には、まず、外部専門機関への相談・通報・保護の要請・法的手続（通知（通告）、被害届・告訴・告発、仮処分・訴訟等）の依頼が挙げられる。そのための外部専門機関としては、警察、特防連、暴追センター、各単位弁護士会の民事介入暴力対策委員会（単位会により名称は異なる）、弁護士等が挙げられる。

2　平素からの連携

　有事の際の連携も、体制の整備があって初めて有効・円滑に機能し得ることから、平素からの連携が肝要となる。具体的な対応としては以下のものが挙げられるが、その前提として、反社会的勢力対応規程や不当

要求対応・予防マニュアルを策定し、すべての役員及び従業員における業務上の行動準則や手順として明確化することが、実際の運用にあたって重要である。

(1) セミナー、講習

外部で開催されるセミナーや講習は、その機会を通じて、反社会的勢力の活動状況・対応策等の情報を取得できるほか、外部専門機関との意思疎通・緊密な連携関係の構築にも寄与する。セミナー、講習等を実施する外部専門機関としては、警察、特防連、暴追センター、弁護士会、その他各団体がある。

(2) 相談窓口

とりわけ有事の際には外部専門機関との連携を円滑に行う必要があり、そのためには平素より相談窓口を確認しておく必要がある。相談窓口としては警察、特防連、暴追センター、弁護士等が挙げられる。弁護士は、平素からの予防体制に対する助言やサポートも担うこととなるため、かかる相談の窓口としても設定することが望ましい。

なお、企業によっては、事業が全国的に展開している等、ある程度広範囲にわたる場合には、支店・営業所ごとに相談窓口を確保することも検討を要する。

(3) 情報の取得

有事の際の円滑な連携のためには、相手方が反社会的勢力に該当するか否か、その属性・行為等に関する情報の取得、活用が不可欠となる。そこで、平素から、かかるインフラの整備として自社内のデータベース、外部専門機関と連携して広く情報交換を行うシステムの構築や整備が重要となることは前述のとおりである。

Ⅲ　有事の報告・伝達の手順化

1　意　義

　指針解説では、外部専門機関との連携について、内部統制システムの「情報と伝達」の一環として「通報や連絡を手順化しておく」ことを求めている。手順化により可視化することで、現場の反社会的勢力対応担当者や本部の反社会的勢力対応部員の個人的な場あたり的判断等を極力排除した、迅速かつ適切な対応が期待できる。
　そこで平素から、有事の対応として、前兆を察知した段階で迅速に通報し、適時、適切な指導と支援を要請できる体制を確保すべく、①社内の指揮命令系統・報告ルートに加えて、②外部専門機関との連携について明確にルールとして確立・手順化するとともに、役員及び従業員に周知徹底し、確実に実践することが重要である。

2　手順を定める規程・マニュアル

　手順化する事項としては、①社内の指揮命令系統・報告ルート、②外部専門機関との連携の具体的方法が考えられる。
　概要を定める規程としては、全社的な反社会的勢力への対応体制を定める反社会的勢力対応規程が考えられる。
　また、とりわけ初期対応における外部専門機関との連携はその後の組織としての対応の要ともなり得ることから、別途、不当要求対応・予防マニュアルにおいて「いつ誰が何をしなければいけないのか」等の具体的対応手順を詳細に定めることが必須となろう。また、同じ企業内であっても部署ごとに反社会的勢力の接触態様、これに対する社内的な対応、取引関係の遮断と認識すべき範囲・態様等は様々であろうから、その特

性を踏まえて、個別にマニュアルを策定することが望ましい。

3　手順化する項目・内容例

手順化にあたっては「いつ誰が何をしなければいけないのか」を明確に定めることとなるが、一つの類型を示せば以下のとおりである。

① 「どのようなケースで」
　（例）担当部署（現場担当者）において相手方の属性、行為態様等から反社会的勢力の接触を感知する。

② 「誰が誰に対して報告するか」
　（例）現場担当者から、所属部署の反社会的勢力対応担当者に報告。これを受けて反社会的勢力対応担当者から反社会的勢力対応部署に、さらに、反社会的勢力対応部署から反社会的勢力対応担当取締役等に報告。

③ 「誰がどういった手順で何を確認するか」
　（例）反社会的勢力対応部署による事実関係の調査（担当部署からの聴取、外部専門機関への照会・データベースとの照合等）、対応方法の立案、決定。

④ 「どの外部専門機関に対応を求めるか」
　（例）反社会的勢力対応部署から外部専門機関に対して相談・通報・保護の要請・法的手続の依頼等。

⑤ 「対応状況の一元管理」
　（例）対応状況については反社会的勢力対応部署にて一元管理の上、担当役員等に対する報告、担当部署に対するフィードバック・指示。

4 手順化の担当部署とプロセス

　反社会的勢力対応の一環として反社会的勢力対応部署が手順を策定した上で、取締役会等の承認を経て、社内に周知徹底することとなる。

　前記3①について、担当部署の具体的な報告・伝達手順をマニュアル化するにあたっては、反社会的勢力が企業に接触してくる態様、第一次的な対応窓口となり得る部署（営業部門、資材部門、代理店、小売店、防災センター、コールセンター等々）等をまずは洗い出す。この際には、反社会的勢力対応部署により社内で十分な意見聴取と確認を実施する必要がある。

　また、②以下については、不当要求の態様により緊急な対応が必要となるケースもあるため、下位部門にもある程度権限を与える等して例外的な手順も定めることが考えられる。例えば、行為態様において既に犯罪行為にも該当すると考えられるケースでは、②以下の報告・決済等を逐一経たうえでの対応は迅速かつ適切な解決の障害ともなりかねない。したがって、かかる場合は例外的な手順として現場の反社会的勢力対応担当者や部支店長の判断により直接外部専門機関に第一次的な連携を諮る等の手順を定めることも一考であろう。ただし、指針にもあるように、こうしたケースでも「代表取締役等の経営トップ以下、組織全体として対応する」必要があることから、速やかに反社会的勢力対応部署に報告すること等を併せて手順化する必要がある。なお、迅速な対応を行うため、報告・決済等については電子決済システム（上位権限者や管理部門に結果が自動転送される仕組み）を整備することも検討に値しよう。

　また、全社的な対応として実施するには、手順に従い報告が反社会的勢力対応部署に上がることが基本となるが、現場からの第一次的な連絡が確実に実践されなければ連携対応もそこで止まってしまいかねない。そこで、現場等における「握りつぶし」防止等の牽制機能も兼ねて、内部通報窓口を社内の反社会的勢力対応部署に設ける、併せて外部専門機

関たる弁護士を内部通報窓口として選任する等して、直接報告・相談を受ける内部通報ルートも別途設定することが望ましい。また、こうした内部通報制度が有効に機能するには、秘匿性とともに人事考課を含めて通報者が不利益を被らない仕組みを設けることなども重要となる。

Ⅳ 役員及び従業員への周知徹底の必要性と方策

　指針解説では「制定した社内規則に基づいて、反社会的勢力対応部署はもとより、社内のあらゆる部署、会社で働くすべての個人を対象としてシステムを整備すること」を求めている。

　このように、全社的な内部統制システムの整備・運用のためには、手順について規程やマニュアルを策定するだけで足りるものではない。むしろ、その手順を組織として有効に実践すること、また、モニタリングにより、その有効性や実施状況の確認と評価、改善が行われるプロセスを確立する必要がある。その前提として、反社会的勢力対応部署においては、手順を役員及び従業員に十分に周知徹底させることが必要となる。

　かかる方策としては、前述した社内研修の一環として実施する他、次に述べるモニタリングと評価・見直しを通じて適宜改善を図る必要がある。

　また、反社会的勢力対応の取組みは、経営陣が組織の実態を知らず社会情勢にも理解がない企業では限界があり、とりわけ経営トップの強い意思がなければ実現できない。代表取締役をはじめとする経営陣が内部統制システムの一環として構築・運用することを経営課題としてコミットすることではじめて取組みが始まるといってもよい。

　この点は、指針でも求めており、「代表取締役等の経営トップは、……基本方針として社内外に宣言し、その宣言を実現するための社内体制の整備、従業員の安全確保、外部専門機関との連携等の一連の取組みを行い、その結果を取締役会等に報告する」としている。

内部統制システムの整備を怠った役員が、社内で発生した非違行為を知らなかったというだけで責任を免れることはもはやできない。必要な情報の報告と伝達が行われる実効性ある内部統制システムの構築及び運用が十分に行われていなかった場合には役員が負っている善管注意義務や忠実義務の違反となる可能性がある。反社会的勢力との関係遮断は内部統制の一環として構築・実践するものであり、有効に機能することが前提となる。したがって、その実施にあたっては役員自ら全社的に周知徹底を図るべきこととなる。

V　モニタリングと評価・見直し

1　体制・手順について

　反社会的勢力の活動態様それ自体が暴力団対策法の施行等に従い変容してきたことからも明らかなとおり、外部専門機関との連携の体制・有事の際の連絡手順についても一度策定すれば足りるというものではない。反社会的勢力の活動の不透明化・巧妙化に伴い、体制・手順をより強化するため、常時PDCAサイクルを回して継続的な評価・見直しを図り、より有効・適切なレベルに高めるべく管理活動を実施する必要がある。

　そこで、定期的にセミナー・不当要求防止責任者講習等を通じて反社会的勢力の活動状況、対応策等の情報を取得する、自社の他の対応事例を検証する等により、体制・手順それ自体について適宜その有効・適切性を検証し、評価・見直しを図ることが必要となる。特に手順に関しては、対応事例の蓄積に基づき経験的に充実を図らざるを得ない側面もあることから、策定後においても、関係部署には必要かつ十分な権限を与えているか、十分な人員を配置しているか、ケースを十分網羅しているか、手順に遅延はないか、現場任せ・隠ぺい事例を遺漏していないかなどについて検証を要しよう。

2 手順の遵守状況について

　外部専門機関も社外の第三者機関であることには変わりがないため、ケースによっては、社外への（ないしは現場担当者、担当部署外への）表面化を避けたいとの動機が働くことも否定できない。

　そこで同様に、手順の遵守状況についても反社会的勢力対応部署にてモニタリングを基に評価・見直しを図る必要がある。

　特に策定した手順を周知徹底しているか、役員及び従業員が十分に理解しているか、手順に乗っ取った対応が図られているか、対応を記録化できているか、役員及び従業員は実施状況を定期的・正確に把握しているかについては十分な検証を要しよう。

3 内部監査部門によるモニタリングの実施

　遵守状況については、まずは反社会的勢力対応部署層、担当部署層の各層にて個別にモニタリングを実施して評価・見直しを図るとともに、内部監査部門による定期的な独立的評価（検証に対する検証を含む）も重要である。

第4章　モニタリング

I　モニタリング活動の重要性

　モニタリング（監視）活動とは、内部統制システムの質を継続的に評価するプロセスである（COSO報告書）。具体的には、反社会的勢力との対応にかかる一定の方針や手続が遵守され、一連の統制プロセスが有効に機能していることを自己又は独立した他の部門等が検証することを言う。このモニタリング活動は、反社会的勢力対応にかかる内部統制システムにおいても主要な構成要素として位置付けられ、当該機能を担う組織とその手続が明確に整備されなければならない。これまでわが国企業においては、内部監査を含めた組織のモニタリング機能がさほど重視されてこなかったきらいがある。しかし、モニタリングのプロセスが整備され、機能してはじめて、内部統制は一貫したシステムとして存在し得る。なぜなら、内部統制のプロセスの整備状況と機能は、まさにモニタリング活動により検証され、改善が促されるからである。反社会的勢力対応にかかる内部統制プロセスもいったん整備したら終わりではなく、絶えずモニタリングを受け、その問題点が是正されなければならないのである。

モニタリングは、日常的な監視活動（各部門又はリスク管理部署等によるチェック・点検）と、独立した監視活動（内部監査）、あるいはその両者の組合せによって達成される。以下、この２つのタイプに分けて説明する。

II　リスク管理部署又は各部門によるチェック

1　リスク管理部署による監視活動

まず、日常的な監視活動は、各業務遂行プロセスに組み込まれた監視活動、各部門による定期的な自己点検システム、リスク管理部署によるモニタリングに分類される。

指針解説（13）「オ　監視活動」の項目では、留意事項として、「内部統制システムの運用を監視するための専門の職員（リスク・マネージャーやコンプライアンス・オフィサー等）を配置する」としている。これは、上述のリスク管理部署によるモニタリングを示唆したものと解される。指針解説では、専門の職員配置にしか触れていないが、形式的に「専門の職員を配置」すればよいというわけではない。ここでは、当該指針解説が「専門の職員を配置」させることによって何を期待しているのかを考える必要がある。単に職員が配置されるにとどまらず、厳格な監視機能が果たされることが当然に想定されていると考えるべきである。

また、上記の「監視」には、方針や手続の遵守状況のチェック、不適切対応のチェックだけでなく、経営陣・統括部門への報告、当該部門に対する警告、指導、是正勧告等を含むものと考えられる。

「専門の職員」は、原則として、監視活動以外の業務には従事せず監視活動に注力し、片手間ではない監視活動を遂行すべきものと解される。監視活動に専念する職員を配置することは、監視機能として高い効果が期待できるためである（金融機関等では一般にミドルオフィスによるモニ

タリングと呼ばれる）。

「専門の職員」のもう一つの意義として、監視対象の業務の推進・遂行について直接の責任を負わないことが挙げられる。ここがライン管理職による監視活動とは決定的に異なるポイントである。それぞれの業務部門を所管するライン管理職は、部門の目的を追求することが一義的な職責となる。しかし、反社会的勢力との関係遮断が、目先の業績向上や円滑な事務遂行と相反する場面は数多く想定され得る。反社会的勢力の可能性が払拭しきれない顧客との取引、反社会的勢力との関係が事後的に明らかとなった顧客との取引解消等はその端的な例である。また、業務ラインの管理職が意図的な不正の隠ぺいを行うことは問題外としても、「ついつい」日常の監視活動が疎かになることは避け難い。業務推進に責任を負わない「専門の職員」は、「反社会的勢力との関係遮断や厳格な対応」をミッションとすることで現業部門への牽制機能を発揮し得る。

2 各部門による自己点検システム

上記のように、現場業務から独立したリスク・マネージャーやコンプライアンス・オフィサー等が詳細にモニタリングを行うことができればさほど問題はない。しかし、これら「専門の職員」を大幅に増員することもなかなか困難である。企業である以上、「専門の職員」による監視機能もある程度効率性が求められるからである。この課題への一つの解は、システム化による情報の集約である。顧客属性や経費支出先がデータ管理されていれば、反社会的勢力との関係・取引の有無等が確認できるなど有効な監視活動が可能となろう（虚偽のデータ入力が行われていないことが前提）。

リスク管理機能効率化のためのもう一つの方法が、各部門による自己点検システムである。自己点検システムとは、各部門が自己の責任の下で定期的に業務に関連する事項の点検を行うものである。自己点検であ

る以上モニタリングとして十分と言えないが、「専門の職員」が行う監視活動を補完するものとしては一定の有効性をもち得る。自己点検システムのメリットは、業務の詳細に最も精通している担当部署が行う点にある。日常業務において起こり得る問題を一番熟知しているのは現場であり、そこに属する人間がチェックを行うところに意味がある。また、すべてを現場任せにせず、リスク管理部署等がチェックポイントを提示して点検を行わせることである程度のデメリットも回避され得る（各部門の隠ぺい対策としては、内部監査部門による検証のほか、定期的な人事異動による滞留の防止、点検者の定期交代等複数の手法を組み合わせることによって対応し得る）。

　反社会的勢力との対応状況に関しても、前述の「専門の職員」による監視のみならず、各部門による自己点検システムの過程で、対応方針や手続の遵守状況、不適切事例の有無等が検証されることが望まれる。その場合の留意点は、以下のとおりである。

- 自己点検のプロセスを整備し、企業として正式に取締役会が承認する。
- 自己点検にかかる共通ルールを設ける。
    - ——目的と取りまとめ部署
    - ——実施頻度（半期、四半期等）
    - ——実施方法（自己点検ポイントの選定や点検シート等の作成・活用）
    - ——報告手続（経営陣、コンプライアンス部門、内部監査部門等）
    - ——改善プロセス（代表取締役からの指示・改善状況の報告義務等）
- 自己点検にかかる責任体制を明確にする。
    - ——原則として、各部門長に責任。虚偽報告等には厳格な罰則を用意
- 自己点検結果の活用に配慮する。
    - ——内部監査の監査要点との分担
    - ——内部監査によるフォローアップ

「反社会的勢力との関係遮断や厳格な対応」に関して行われるべき自己点検については、例えば、次のような要領で実施することが考えられる。

【自己点検プロセス（例）】

> A．全体の統括：
> 　リスク・マネージャーやコンプライアンス・オフィサー等
> 　■ 検証すべき内容を各部門に対して指示・指導し、点検結果を取りまとめ、経営陣への報告を行う。
> 　■ 発見された問題について、個別事項ごとに対応措置を完了までフォローアップするとともに、重要な問題や繰り返される問題については構造的な発生原因の有無を検証し、必要に応じて、抜本的な是正措置を提起・推進する。
>
> B．各部門の実施責任者：
> 　各部門のライン管理職、コンプライアンス担当者等
>
> C．実施内容・結果の報告先：
> 　取締役会その他の経営会議体
>
> D．実施頻度：
> 　四半期ごと（又は半期ごと、年度ごと等）
>
> E．各部門が検証すべきポイント（例）：
> 　①反社会的勢力との関係遮断に関する所属従業員の理解・認識の確認
> 　　――個別聞き取り等により、企業倫理規程等や関係遮断のための手続ルールの理解や重要性に関する認識が適切であるか

を確認。
② 取引開始時における顧客属性の検証プロセスが遵守されているか否かの確認
　——適切な検証手続が存在し、文書として明確化されているかの確認。さらに、その手続に準拠し、適切に記録が保管され、権限者の署名があるか等をチェック。
③ 顧客属性の検証
　——上記②の手続が有効に機能しているのかを処理結果を検証することによってチェックする。実際の顧客に反社会的勢力あるいはその関係者が含まれていないかを個別に確認。対象先数や重要性、上記②の手続の信頼性等に応じて、全数調査をする、あるいは、サンプル調査を行う。
④ 仕入先・物品購入先・経費支出先等、顧客以外の関係先に関して、属性の検証プロセスが遵守されているか否かの確認
　——上記②と同様。
⑤ 仕入先・物品購入先・経費支出先等、顧客以外の関係先の属性の検証
　——上記③と同様。
⑥ 契約書等への暴力団等排除条項の記載を確認するプロセスが遵守されているか否かの確認
　——上記②と同様。
⑦ 契約書等への暴力団等排除条項の記載の確認
　——上記③と同様。

Ⅲ 内部監査部門による内部統制の監視・評価

1 内部監査機能の意義

　リスク・マネージャーやコンプライアンス・オフィサー等、「専門の職員による監視活動」は、前述のようにライン管理職にはない牽制効果を期待することができる。しかし、リスク管理やコンプライアンスに関する体制整備、ルールの整備等については、専門家であるリスク・マネージャーやコンプライアンス・オフィサーが主導的な役割を果たす。日常的に発生するリスクや問題事案についての管理や対応等もこれら「専門の職員」の所管する領域となる。直接業務そのものには携わらないものの、その基礎となる内部体制の構築や日常業務の遂行確保については一定の責任を負担しているため、自らを批判するような監視活動を期待することは難しい。そのため、現業部門の各種業務のみならず、リスク・マネージャーやコンプライアンス・オフィサー等によるモニタリングを含めたあらゆる業務から独立した職員によって、業務の検証が行われれば、より客観性の高い運営が可能となる。通常、このような職責を果たす部門として「内部監査部門」が設置されている。
　ここで「内部監査」とは、一般に、内部監査を受ける各業務部門の本部部門（リスク管理部門を含む）及び営業店等（営業店及び海外拠点を含む）（以下「被監査部門等」という）から独立した内部監査部門（検査部、業務監査部等）が、被監査部門等における内部管理態勢の適切性、有効性を検証するプロセスである。このプロセスは、被監査部門等における内部事務処理等の問題点の発見・指摘にとどまらず、内部管理態勢の評価及び問題点の改善方法の提言等まで行うものであり、原則として、内部管理の一環として被監査部門等が実施する検査等を含まない（金融検査マニュアル等）とされる。

2 内部監査の対象

　内部監査の対象は、「営業店」等に限定されず、前述の監視活動の専門部署であるリスク管理部門等も含めた「本部部門」をもカバーしなければならない。業務運営上の問題・リスクは営業店に限らず、企業内のあらゆる部門で発生する可能性があり、全体が検証の対象とされなければならないためである。

　また、内部監査は、「内部管理態勢の適切性、有効性を検証するプロセス」でなければならない。ここで内部管理態勢とは、内部統制と同義である。「態勢」という用語は、単に組織的・人的な構成を意味する「体制」ではなく、それも一要素として包含した「状態」全般を意味していると考えられる。「内部管理態勢」がこのように広い概念であるから、「内部管理態勢の適切性、有効性を検証するプロセス」も当然、非常に広範な意味を持つものとなる。これを一部具体的に説明したのが上述後段の部分（「内部事務処理等の問題点の発見・指摘にとどまらず、内部管理態勢の評価及び問題点の改善方法の提言等まで行う」）である。実際の事務処理結果を実地で検証するだけではなく、業務遂行のための組織体制やルール、関係者の取組み等が問題発生を防止するために十分なものとなっているかという部分にも焦点を当てて検討し、さらに改善提言までも行うことが求められている。

3 内部監査部門の独立性

　次に、内部監査部門は、監査を受ける部門（被監査部門）から独立していなければならない。検証の結果として問題が発見されれば、関係者はその責任を問われるかも知れず、是正措置が必要となれば、それだけ追加負担を覚悟しなければならない。自らや直接の上司・人事考課権限者の行為については、厳格な問題の指摘を行うことを躊躇してしまうこ

とが当然想定され、これを避けるためには、内部監査部門は、「被監査部門とは別の組織単位であること」「被監査部門が行うべき業務（すなわち、監査業務以外のあらゆる業務）を担当しないこと」「被監査部門を担当する管理者の指揮・命令・考課下に置かれないこと（すなわち、経営トップの直轄あるいは、内部監査専任担当役員の管理下に置かれていること）」が必要となる。

4　内部監査の権限と責任

　内部監査部門や内部監査人は、その機能を発揮し、独立的なモニタリングを効果的に行うために、社内のあらゆる文書、資料、データに対する閲覧権限、アクセス権限、関係する役員及び従業員等への質問権を有している必要がある。質問を受けた役員及び従業員は正確に回答しなければならない義務を負担する。これらは、内部監査規程等に明記され、役員及び従業員に周知される必要がある。内部監査部門は、あくまで内部監査の遂行や内部監査のクオリティに関する責任を負うが、各部門の業務執行に関する責任を負うことはない。

　内部監査を適切に実施することは、内部監査部門の整備を含め、コストを要するものである。どの程度の態勢整備を図るかは、各企業が自らの実情に応じた経営判断を行う必要がある。大企業であれば、上述に近い態勢を確保することが求められよう。また、これ以外の場合においても、単に「コスト負担が困難である」ことを理由とするのではなく、内部監査の必要性を認識した上で、自社のどのような特性に照らして簡易な態勢や代替措置が妥当するのかを考慮し、態勢を構築する必要がある。

5　反社会的勢力との対応に関する内部監査のプロセス

　「反社会的勢力との関係遮断や厳格な対応」に関して行われるべき内

部監査については、例えば、次のような要領で実施することが考えられる。

内部監査の大きなサイクルは、以下のように説明することができ、年次等の時間軸の上で、これを繰り返し実施して行くこととなる。

【内部監査のプロセス】

```
①「リスクアセスメントの実施」
       ↓
②「内部監査計画の策定」
       ↓
③「個々の内部監査の実施」
       ↓
④「経営陣による内部監査の有効性の確認」
       ↓
⑤「内部統制の不備に関する改善活動」
```

(1) リスクアセスメントの実施

反社会的勢力との関係が発生する可能性の高いのはどの部門か、(発生可能性の高低にかかわらず) 発生した場合に実害が大きいと考えられるのはどの部門か、自己点検等では隠ぺいされる危険性の高いのはどの部門か、等を検討し、次の「内部監査計画の策定」において監査資源の重点的な配分を考えなければならない。リスクの高い部門には高頻度・多人数・長期間の監査を実施し、リスクの低い部門については (全く監査を行わないという選択は採るべきではないものの) その逆の対応を採ることによって、企業全体としてより有効な監査の実施を図るべきである。

(2) 内部監査の実施

さらに、次のようなプロセスに細分化することができる。

「事前調査」→「監査要点・手続の設定」→「実地監査」
→「監査報告」→「フォローアップ」

「事前調査」では、主として書面により収集可能な情報（規程類、経営宛て報告文書、人員体制等。前回監査結果、前述の自己点検やリスク・マネージャー等の監視活動報告の検証も含まれる）から、被監査部門の状況を事前に把握し、「監査要点・手続の設定」において、実地監査で検証すべきポイントを具体的に列挙する。一般的に考えられる確認ポイントとしては、前掲Ⅱ2の自己点検プロセス（例）に記載した「各部門が検証すべきポイント（例）」①～⑦を挙げることができる。

(3) 内部監査の報告

監査において発見された問題点（事務処理結果に関する問題点と、内部管理プロセス自体に関する問題点の両方を含む。前者の例としては「反社会的勢力との取引が確認された」「顧客承認文書の管理職印の押印漏れがあった」等が、後者の例としては「経費支払いの決裁が担当者限りで可能なルールとなっている」「反社会的勢力チェックが相手先の申告に大幅に依存するルールとなっている」「管理職の検証に対する意識が低く、押印が形式的なものとなっている」等が考えられる）とそれに対する改善方法の指導・勧告及び実施期限が含まれていなければならない。「監査報告」は当該監査に係る被監査部門の管理者に提示されるほか、リスク・マネージャーやコンプライアンス・オフィサー等の当該部門を指導・監視すべき職員、さらには、経営陣に対してもその内容が通知され、問題の所在を適切に把握させるとともに、改善措置の実施を確実なものとしなければならない。

「監査報告」を経営陣宛てにも実施することは、前述の「経営陣による内部監査の有効性の確認」のための重要な情報として、内部監査の実効性そのものの向上にも資することとなる。「フォローアップ」においては、「監査報告」に記載された改善措置が期限までに適切に実施されたか否かについて、証拠書類の提示や実地での検証により、確認が行われなければならず、改善遅延に対しては、経営陣への報告を含めた厳格な対応が確保されている必要がある。

巻末付録

参考資料

資料1　反社会的勢力による被害防止のための内部統制システムに係るチェックリスト

内部統制システムの構成要素	チェック項目
Ⅰ．統制環境 (1)　反社会的勢力対応に関する経営者の誠実性と倫理的価値観の確立	1．反社会的勢力との関係遮断に係る基本方針及び企業倫理規程等の整備状況
	2．反社会的勢力対応に関する「コンプライアンス・プログラム」の整備

具体的なチェック項目	評価
(1) 反社会的勢力との関係遮断を経営の健全性及びコンプライアンスの重要課題の一つとして位置付け、その対応に係る基本方針を策定しているか。また、基本方針は取締役会において承認されているか。	
(2) 基本方針は、反社会的勢力との関係遮断のための具体的な体制等を示し、役員及び従業員にとって理解しやすいものとなっているか。	
(3) 基本方針の重要性及び内容を、代表取締役を含む役員が深く理解しているか。	
(4) 基本方針は、会社法の内部統制システムの基本方針を踏まえたものとなっているか。	
(5) 基本方針においては、企業における反社会的勢力との関係遮断に係る姿勢が明確に示されているか。	
(6) 基本方針においては、組織的対応や外部専門機関との連携等について示されているか。	
(7) 基本方針においては、不当要求に対する法的対応等の対応方針が示されているか。	
(1) 反社会的勢力対応を含めたコンプライアンスを実現させるための具体的な実践計画(規程の整備、内部統制の実施計画、従業員の研修など。以下「反社会的勢力対応に関するコンプライアンス・プログラム」という)の策定及び重要な見直しを行うにあたっては、その内容について取締役会の承認を受けているか。	

内部統制システムの構成要素	チェック項目
	3．企業倫理規程における反社会的勢力との関係遮断の明確化
	4．契約書や取引約款への暴力団排除条項の導入

具体的なチェック項目	評価
(2) 「反社会的勢力対応に関するコンプライアンス・プログラム」は、適時、合理的なものとして策定されているか。なお、最長でも年度ごとに策定されているか。	
(3) 「反社会的勢力対応に関するコンプライアンス・プログラム」の進捗状況や達成状況がフォローアップされているか。	
(4) 「反社会的勢力対応に関するコンプライアンス・プログラム」担当部署の責任が明確となっているか。また、代表取締役及び取締役会は、その進捗状況や達成状況を正確に把握・評価しているか。	
(5) 「反社会的勢力対応に関するコンプライアンス・プログラム」の策定にあたっては、営業店等の規模や性格等に配慮するとともに、そのプログラムの実施状況を業績評価、人事考課等に公平に反映しているか。	
取締役及び取締役会は、企業倫理規程を策定し、コンプライアンスに係る重大な問題として反社会的勢力との関係遮断を明記しているか。	
(1) 契約書や取引約款に「暴力団排除条項」を導入しているか。	
(2) 「暴力団排除条項」の内容は、その目的・機能（反社会的勢力との取引関係の排除等）を適切にとらえているものになっているか。	
(3) 企業における「暴力団排除条項」に関する「機能」のうち、「予防的・抑止的機能」等にも力点を置く取扱いとなっているか。	

内部統制システムの構成要素	チェック項目
(2) 反社会的勢力対応に関する経営者の考え方と行動様式	経営トップによる反社会的勢力との関係遮断についての宣言など、反社会的勢力対応におけるリーダーシップ
(3) 反社会的勢力対応に関する組織構造	反社会的勢力対応部署、内部監査部門の整備状況
(4) 反社会的勢力対応の人的資源に関する方針と管理	1．反社会的勢力への対応に関する職員管理の方針と規程等
	2．方針及び規程等からの逸脱時の措置
(5) 反社会的勢力対応に関する取締役会等の機能	反社会的勢力との関係遮断に関する業務執行の意思決定及び取締役に対する監督機関としての取締役会の機能状況

具体的なチェック項目	評価
(1) 経営トップが、反社会的勢力との関係遮断を社内外に宣言し、公表しているか。	
(2) 取締役の反社会的勢力に対する姿勢を従業員に理解させるための具体的施策が講じられているか。例えば、代表取締役、担当取締役等は、社内研修、部店訪問、年頭所感、部店長会議等あらゆる機会をとらえ、反社会的勢力との関係遮断への断固たる取組姿勢を示しているか。	
反社会的勢力対応規程等で反社会的勢力対応の統括部署を定め、必要な権限、陣容を整備しているか。 内部監査部門における監査項目として、反社会的勢力との関係遮断に係るものを設けているか。	
反社会的勢力への対応に関する従業員管理の方針と規程等は、企業の実情、規模、反社会的勢力対応に応じた適切な範囲で設定されているか。	
反社会的勢力に関する承認された方針や規程等からの逸脱があった場合に、それに対して適切な是正措置が講じられているか。	
(1) 取締役は、反社会的勢力対応に関する取締役会における業務執行の意思決定及び代表取締役の業務執行の監督を行っているか。	
(2) 各取締役は、反社会的勢力との関係遮断に関する業務執行にあたり、信用の基礎を強固なものとする観点から、実質的に議論を行っているか。反社会的勢力との関係遮断に係る内部統制システムの構築義務及び具体的に適切な反社会的勢力対応ができるような施策の整備等を十分行っているか。	

内部統制システムの構成要素	チェック項目
Ⅱ．反社会的勢力に関するリスク評価 ・役員及び組織全体におけるリスクの評価プロセス	反社会的勢力との取引関係を有すること等に対するリスクの識別、分析、管理のプロセス

具体的なチェック項目	評価
(3) 取締役会は、業務推進にかかることのみではなく、業務運営に際し、反社会的勢力との関係遮断を含むコンプライアンスに関する諸問題について議論しているか。議論の状況は取締役会議事録等に的確に記録されているか。	
(1) 取締役等は、反社会的勢力との取引等関係を持つことによる企業が被るリスクの大きさ、その発生する可能性等を評価しているか。 　リスクの認識・分析プロセス（担当部署、手続、頻度等）が整備されているか。	
(2) 自社において発生しうる反社会的勢力対応に関するリスクの種類が網羅的に識別されているか。 （例） 外部要因 　——反社会的勢力対応に関する社会的要請、ステークホルダーの意識の変化 　——反社会的勢力の行動様式の変化 　——株式取得による乗っ取り 　——不祥事を理由とする不当要求 　——裏取引や資金提供　など 内部要因 　——取扱サービスの不備、商品の瑕疵 　——不正・不祥事の発生度合 　——組織体制の未整備、対応する陣容の不足	
(3) リスク分析に基づき、コスト等を勘案した上で当該リスクを管理する適切な方法が検討され、導入されているか。	

内部統制システムの構成要素	チェック項目
Ⅲ．統制活動 (1) 反社会的勢力対応に関するマニュアルの策定	対応マニュアル等の整備状況
(2) マニュアルの遵守状況のチェック手続	マニュアルに則した対応を行わせるためのチェック、方法、統制手続
(3) 反社会的勢力対応に関する統制・承認・チェック	部所長・反社会的勢力対応担当者による統制、承認、チェック
(4) 反社会的勢力対応に関する組織体制の構築	反社会的勢力との関係遮断のための組織体制の構築

具体的なチェック項目	評価
(1) 反社会的勢力との関係遮断を徹底するための具体的な手引書として、反社会的勢力対応マニュアルや予防マニュアルを策定しているか。 　また、マニュアルの策定及び重要な見直しを行うにあたっては、その内容について取締役会等の承認を受けているか。	
(2) マニュアルの存在及び内容を、研修等の実施により役員及び従業員に周知徹底しているか。また、適時、適切に内容の見直しを行っているか。	
(3) マニュアルの作成・変更に際しては、弁護士等の外部専門機関のアドバイスや資料の内容を反映しているか。	
マニュアルの遵守状況に係るチェックの方法等の統制手続が定められているか。	
(1) 部所長・反社会的勢力対応担当者による反社会的勢力対応規程・不当要求対応マニュアル等の遵守に関するチェック等が厳格に行われているか。	
(2) チェックを行う部所長・反社会的勢力対応担当者はその職務を効果的に遂行する上で必要な知識と実務経験を有しているか。	
(1) 反社会的勢力対応部署を設置し、その役割と責任を明確にしているか。	
(2) 反社会的勢力対応部署の管理者として、当該部門を統括するために必要な知識と経験を有する者を配置しているか。また、その管理者に対し管理業務の遂行に必要な権限を与えているか。	

内部統制システムの構成要素	チェック項目
(5) 反社会的勢力対応担当者の設置等	1．各部門における「反社会的勢力対応担当者」の設置・教育

具体的なチェック項目	評価
(3) 反社会的勢力対応部署には、その業務の遂行に必要な知識と経験を有する人員を適切な規模で配置し、当該人員に対し業務の遂行に必要な権限を与えているか。	
(4) 反社会的勢力対応部署においては、反社会的勢力との関係遮断の徹底に関する能力・知識を向上させるための研修・教育態勢を整備し、専門性を持った人材の育成を行っているか。	
(5) 反社会的勢力対応部署内の報告体制は十分に整備されているか。例えば、有事の際等の情報がもれなく役員及び従業員等に伝わる体制がとられているか。	
(6) 社内における実効的な活動を可能とするため、他の部署や営業店等と協力関係及び報告・連絡・相談体制を構築しているか。	
(1) 各部門及び営業店等に「反社会的勢力対応担当者」を設置しているか。	
(2) 反社会的勢力対応担当者は、その職務を効果的に遂行する上で必要な知識と実務経験を有しているか。	
(3) 反社会的勢力対応担当者は、長期間固定されていないか。	
(4) 反社会的勢力対応担当者に対しては、反社会的勢力対応部署はもとより、企業全体が、その活動が有効的なものとなるよう、バックアップを継続的に行っているか。	
(5) 反社会的勢力対応担当者は、研修を受講しているか。またその研修内容は、これらの職責に見合った実践的かつ専門的なものか。	

内部統制システムの構成要素	チェック項目
	2．取引開始前の属性審査等
(6) 反社会的勢力に関する従業員研修の実施	反社会的勢力対応部署による従業員に対する研修の実施
(7) 反社会的勢力対応に関する人事評価と手続等	反社会的勢力対応に関する人事評価と制裁手続

具体的なチェック項目	評価
(6) 研修の実施に際しては、外部専門機関に依頼する等して、研修内容の妥当性・実効性を定期的に検証することができるものか。	
(7) 研修は、担当者のスキルを維持向上する必要性に鑑み、少なくとも年に1回程度は行われているか。	
(1) 反社会的勢力対応部署は、反社会的勢力対応に関するデータベースを利用した、取引前の属性審査を行うための組織又は人員配置・データベースの構築、承認方法等を構築しているか。	
(2) データベースは、厳格な秘密保持の必要性の観点から本社の反社会的勢力対応部署内に設置されているか。	
(3) 反社会的勢力による不当要求等がなされた場合の、対応部署への報告体制が整備され、必要な社内情報が蓄積される体制となっているか。	
(1) 反社会的勢力対応部署による、当該企業に応じた従業員に対する研修がなされているか。	
(2) 研修内容は、実践かつ理解しやすいもので、しかも、定期的に行われているか。(具体例に即した対応マニュアルの確認や、それを踏まえたロールプレイング研修等)	
(1) 反社会的勢力との対応状況が、人事評価、営業店評価等に反映されることとなっているか。例えば、人事評価にあたって、各人のコンプライアンスの状況の一項目として反社会的勢力対応が明示されているか。 なお、反社会的勢力に対して適切な対応をとった部店等については、プラス評価や特別表彰等を実施しているか。	

内部統制システムの構成要素	チェック項目
(8) 反社会的勢力に関する情報の収集・交換	反社会的勢力に関する情報の収集、交換
(9) 反社会的勢力に関するデータベースの構築	反社会的勢力に関するデータベースの構築

具体的なチェック項目	評価
(2) 反社会的勢力への不適切な対応をとった従業員に対する懲罰手続と基準が明確に定められ、また組織内に提示されているか。	
(3) 懲罰（罰則）規程を整備しているか。また、制裁（罰則）規程の適用は厳正かつ公正に行われているか。	
反社会的勢力に関する情報の収集・交換は、個人情報保護法等の法令に反しない限りで企業内外において積極的に行われているか。	
(1) 反社会的勢力に関するデータベースの構築に取り組んでいるか。すなわち、警察からの暴力団情報や、自ら業務上取得した、あるいは他の事業者や暴力追放運動推進センター等から提供を受けた反社会的勢力の情報をデータベース化しているか。	
(2) 反社会的勢力に関するデータベースの管理に関する専門の部署を設置しているか。	
(3) 反社会的勢力に関するデータベースを構築するにあたり、必要な情報の収集を図っているか。 （ア）属性情報 （イ）行為情報 （ウ）その他情報	
(4) 反社会的勢力に関するデータベースに関しては、厳重なアクセス管理がなされ、また情報の最新化が随時図られているか。	

内部統制システムの構成要素	チェック項目
Ⅳ．情報と伝達 (1) 反社会的勢力に関する報告系統の整備	反社会的勢力による不当要求がなされた場合の報告系統の整備
(2) 反社会的勢力対応に関する部門間伝達システムの構築	反社会的勢力に関する部署間の情報伝達システムの構築
(3) 反社会的勢力に関する組織内の伝達チャネルの整備・運用について	反社会的勢力に関する組織内の伝達チャネルの整備・運用について

具体的なチェック項目	評価
反社会的勢力による不当要求がなされた場合に、直ちに専門部署へその情報が集約されるための、報告系統が構築されているか。 　個々具体的なケースに応じて当該報告プロセスが適切に機能しているか。	
(1)　反社会的勢力に関する部署間の情報伝達のシステムが構築されているか。同プロセスは機能しているか。	
(2)　反社会的勢力に関する情報を企業内で共有するための情報システムが整備されているか。	
(1)　従業員が反社会的勢力に関する事項と思われる事項を報告するための伝達チャネルは確立されているか。	
(2)　反社会的勢力に関する情報の組織横断的な伝達はスムーズに行われているか。また、従業員が自己の責任を果たせるよう情報は適時に提供されているか。	
(3)　外部関係者からの反社会的勢力に関する自社の情報伝達を受けて、経営者は専門機関への通報や法的措置の検討等、しかるべき事後措置を適時に講じているか。	

内部統制システムの構成要素	チェック項目
(4) 反社会的勢力対応に関する通報や連絡の手順	外部専門機関への通報や連絡の手順化
V．監視活動 (1) 反社会的勢力対応に関する内部統制の監視	1．内部統制システムの運用を監視するための専門の職員（リスク・マネージャーや反社会的勢力対応責任者等）の配置

具体的なチェック項目	評価
有事の際の外部専門機関との連絡体制の構築がなされているか。すなわち、社内に窓口部署と警察等の関係機関との通報担当責任者を設置し、報告ルートと指揮命令系統を整備し、平素から緊密な連携を保つことを行っているか。 　また、その手順が図られているか。 〔有事の際の対応〕 　（ア）誰が（対応部署・担当者） 　（イ）誰に（警察、暴力追放運動推進センター） 　（ウ）どのレベルの情報（緊急度等） 　（エ）どのように相談するか 　（オ）情報の保管場所　等々の決定がなされているか	
(1)　内部統制システムの運用を監視するための専門の職員（リスク・マネージャーや反社会的勢力対応責任者等）が配置されているか。	
(2)　内部統制システムの運用を監視するための専門の職員（リスク・マネージャーや反社会的勢力対応責任者等）は、その職務を効果的に遂行する上で必要な知識、経験を十分に有しているか。	
(3)　必要な人員配置（職位、人員数等）が行われているか。	
(4)　内部統制システムの運用を監視するための専門の職員（リスク・マネージャーや反社会的勢力対応責任者等）には、その業務の遂行に必要な権限が与えられているか。	

内部統制システムの構成要素	チェック項目
	2．反社会的勢力に関する各部門の自己点検システム
	3．反社会的勢力対応に関する内部監査による体制評価

具体的なチェック項目	評価
(1) 各部・各営業店舗での自己点検システムの一環として反社会的勢力対応の対応状況・ルール遵守状況を定期的に点検しているか（特に現場レベルでの個別ルールの遵守状況のチェック）。自己点検のシステムが構築されているか。 　統括部門は、点検項目選定について必要なサポート・指示を行っているか。	
(2) 発見された問題は迅速に経営陣、反社会的勢力対応部署等必要な部門に報告されているか。	
(3) 反社会的勢力対応に関する記録、自己点検に係る記録が適切に作成され、保存されているか。	
(4) 自己点検結果は、内部監査等により有効に活用されているか。	
(1) 内部監査部門が設けられ、反社会的勢力対応に係る内部統制システムの整備・運用状況を総合的に監査しているか。	
(2) 反社会的勢力対応の監査をする内部監査担当者は、その職務を効果的に遂行する上で必要な知識を有しているか。	
(3) 反社会的勢力対応の内部監査を行うにあたっては、内部統制監査人の独立性は保たれているか。	
(4) 反社会的勢力対応に関する内部監査は定例監査の一部として行われているか。又は、テーマ監査として実施されているか。	

内部統制システムの構成要素	チェック項目
(2) 反社会的勢力対応に関する内部統制上の欠陥と是正プロセス	反社会的勢力対応に関する内部統制の欠陥の捕捉と是正プロセス

具体的なチェック項目	評価
(1) 内部監査を含め、反社会的勢力対応に関する内部統制上の欠陥を捕捉し、経営陣に報告する仕組みが整備され、機能しているか。	
(2) 反社会的勢力対応に関する内部統制上の欠陥に対して、是正等のフォローアップ手続が整備され、機能しているか。	

資料2　企業が反社会的勢力による被害を防止するための指針

企業が反社会的勢力による被害を防止するための指針

　近年，暴力団は，組織実態を隠ぺいする動きを強めるとともに，活動形態においても，企業活動を装ったり，政治活動や社会運動を標ぼうしたりするなど，更なる不透明化を進展させており，また，証券取引や不動産取引等の経済活動を通じて，資金獲得活動を巧妙化させている。

　今日，多くの企業が，企業倫理として，暴力団を始めとする反社会的勢力*と一切の関係をもたないことを掲げ，様々な取組みを進めているところであるが，上記のような暴力団の不透明化や資金獲得活動の巧妙化を踏まえると，暴力団排除意識の高い企業であったとしても，暴力団関係企業等と知らずに結果的に経済取引を行ってしまう可能性があることから，反社会的勢力との関係遮断のための取組みをより一層推進する必要がある。

　言うまでもなく，反社会的勢力を社会から排除していくことは，暴力団の資金源に打撃を与え，治安対策上，極めて重要な課題であるが，企業にとっても，社会的責任の観点から必要かつ重要なことである。特に，近時，コンプライアンス重視の流れにおいて，反社会的勢力に対して屈することなく法律に則して対応することや，反社会的勢力に対して資金提供を行わないことは，コンプライアンスそのものであるとも言える。

　さらには，反社会的勢力は，企業で働く従業員を標的として不当要求を行ったり，企業そのものを乗っ取ろうとしたりするなど，最終的には，従業員や株主を含めた企業自身に多大な被害を生じさせるものであることから，反社会的勢力との関係遮断は，企業防衛の観点からも必要不可欠な要請である。

　本指針は，このような認識の下，反社会的勢力による被害を防止するため，基本的な理念や具体的な対応を取りまとめたものである。

＊　暴力，威力と詐欺的手法を駆使して経済的利益を追求する集団又は個人である「反社会的勢力」をとらえるに際しては，暴力団，暴力団関係企業，総会屋，社会運動標ぼうゴロ，政治活動標ぼうゴロ，特殊知能暴力集団等といった属性要件に着目するとともに，暴力的な要求行為，法的な責任を超えた不当要求といった行為要件にも着目することが重要である。

1 反社会的勢力による被害を防止するための基本原則
- 組織としての対応
- 外部専門機関との連携
- 取引を含めた一切の関係遮断
- 有事における民事と刑事の法的対応
- 裏取引や資金提供の禁止

2 基本原則に基づく対応
(1) 反社会的勢力による被害を防止するための基本的な考え方
- 反社会的勢力による不当要求は，人の心に不安感や恐怖感を与えるものであり，何らかの行動基準等を設けないままに担当者や担当部署だけで対応した場合，要求に応じざるを得ない状況に陥ることもあり得るため，企業の倫理規程，行動規範，社内規則等に明文の根拠を設け，担当者や担当部署だけに任せずに，代表取締役等の経営トップ以下，組織全体として対応する。
- 反社会的勢力による不当要求に対応する従業員の安全を確保する。
- 反社会的勢力による不当要求に備えて，平素から，警察，暴力追放運動推進センター，弁護士等の外部の専門機関（以下「外部専門機関」という。）と緊密な連携関係を構築する。
- 反社会的勢力とは，取引関係を含めて，一切の関係をもたない。また，反社会的勢力による不当要求は拒絶する。
- 反社会的勢力による不当要求に対しては，民事と刑事の両面から法的対応を行う。
- 反社会的勢力による不当要求が，事業活動上の不祥事や従業員の不祥事を理由とする場合であっても，事案を隠ぺいするための裏取引を絶対に行わない。
- 反社会的勢力への資金提供は，絶対に行わない。

(2) 平素からの対応
- 代表取締役等の経営トップは，(1)の内容を基本方針として社内外に宣言し，その宣言を実現するための社内体制の整備，従業員の安全確保，外部専門機関との連携等の一連の取組みを行い，その結果を取締役会等に報告する。

○ 反社会的勢力による不当要求が発生した場合の対応を統括する部署（以下「反社会的勢力対応部署」という。）を整備する。反社会的勢力対応部署は，反社会的勢力に関する情報を一元的に管理・蓄積し，反社会的勢力との関係を遮断するための取組みを支援するとともに，社内体制の整備，研修活動の実施，対応マニュアルの整備，外部専門機関との連携等を行う。
○ 反社会的勢力とは，一切の関係をもたない。そのため，相手方が反社会的勢力であるかどうかについて，常に，通常必要と思われる注意を払うとともに，反社会的勢力とは知らずに何らかの関係を有してしまった場合には，相手方が反社会的勢力であると判明した時点や反社会的勢力であるとの疑いが生じた時点で，速やかに関係を解消する。
○ 反社会的勢力が取引先や株主となって，不当要求を行う場合の被害を防止するため，契約書や取引約款に暴力団排除条項＊を導入するとともに，可能な範囲内で自社株の取引状況を確認する。
○ 取引先の審査や株主の属性判断等を行うことにより，反社会的勢力による被害を防止するため，反社会的勢力の情報を集約したデータベースを構築する。同データベースは，暴力追放運動推進センターや他企業等の情報を活用して逐次更新する。
○ 外部専門機関の連絡先や担当者を確認し，平素から担当者同士で意思疎通を行い，緊密な連携関係を構築する。暴力追放運動推進センター，企業防衛協議会，各種の暴力団排除協議会等が行う地域や職域の暴力団排除活動に参加する。

(3) **有事の対応（不当要求への対応）**
○ 反社会的勢力による不当要求がなされた場合には，当該情報を，速やかに反社会的勢力対応部署へ報告・相談し，さらに，速やかに当該部署から担当取締役等に報告する。
○ 反社会的勢力から不当要求がなされた場合には，積極的に，外部専門機関に相談するとともに，その対応に当たっては，暴力追放運動推進センター等が示している不当要求対応要領等に従って対応する。要求が正当なも

＊ 契約自由の原則が妥当する私人間の取引において，契約書や契約約款の中に，①暴力団を始めとする反社会的勢力が，当該取引の相手方となることを拒絶する旨や，②当該取引が開始された後に，相手方が暴力団を始めとする反社会的勢力であると判明した場合や相手方が不当要求を行った場合に，契約を解除してその相手方を取引から排除できる旨を盛り込んでおくことが有効である。

のであるときは，法律に照らして相当な範囲で責任を負う。
○ 反社会的勢力による不当要求がなされた場合には，担当者や担当部署だけに任せずに，不当要求防止責任者を関与させ，代表取締役等の経営トップ以下，組織全体として対応する。その際には，あらゆる民事上の法的対抗手段を講ずるとともに，刑事事件化を躊躇しない。特に，刑事事件化については，被害が生じた場合に，泣き寝入りすることなく，不当要求に屈しない姿勢を反社会的勢力に対して鮮明にし，更なる不当要求による被害を防止する意味からも，積極的に被害届を提出する。
○ 反社会的勢力による不当要求が，事業活動上の不祥事や従業員の不祥事を理由とする場合には，反社会的勢力対応部署の要請を受けて，不祥事案を担当する部署が速やかに事実関係を調査する。調査の結果，反社会的勢力の指摘が虚偽であると判明した場合には，その旨を理由として不当要求を拒絶する。また，真実であると判明した場合でも，不当要求自体は拒絶し，不祥事案の問題については，別途，当該事実関係の適切な開示や再発防止策の徹底等により対応する。
○ 反社会的勢力への資金提供は，反社会的勢力に資金を提供したという弱みにつけこまれた不当要求につながり，被害の更なる拡大を招くとともに，暴力団の犯罪行為等を助長し，暴力団の存続や勢力拡大を下支えするものであるため，絶対に行わない。

3 内部統制システムと反社会的勢力による被害防止との関係

会社法上の大会社や委員会設置会社の取締役会は，健全な会社経営のために会社が営む事業の規模，特性等に応じた法令等の遵守体制・リスク管理体制（いわゆる内部統制システム）の整備を決定する義務を負い，また，ある程度以上の規模の株式会社の取締役は，善管注意義務として，事業の規模，特性等に応じた内部統制システムを構築し，運用する義務があると解されている。

反社会的勢力による不当要求には，企業幹部，従業員，関係会社を対象とするものが含まれる。また，不祥事を理由とする場合には，企業の中に，事案を隠ぺいしようとする力が働きかねない。このため，反社会的勢力による被害の防止は，業務の適正を確保するために必要な法令等遵守・リスク管理事項として，内部統制システムに明確に位置付けることが必要である。

【出所】首相官邸・犯罪対策閣僚会議ホームページ「企業が反社会的勢力による被害を防止するための指針」（平成19年6月19日）

資料3　企業が反社会的勢力による被害を防止するための指針に関する解説

企業が反社会的勢力による被害を防止するための指針に関する解説

(1) 本指針の対象や法的性格

　本指針は、あらゆる企業を対象として、反社会的勢力による被害を防止するための基本的な理念や具体的な対応を定めたものであり、法的拘束力はない。
　したがって、本指針の内容を完全に実施しなかったからといって、直ちに、罰則等の何らかの不利益が、与えられるものではない。また、中小企業や零細企業においては、これらの内容を忠実に実施することは困難を伴うため、適宜、企業規模に応じて、指針の5つの基本原則を中心とした適切な対応をすることが大切である。
　なお、法的拘束力はないが、本指針策定後、例えば、取締役の善管注意義務の判断に際して、民事訴訟等の場において、本指針が参考にされることなどはあり得るものと考えている（例えば、東証一部上場のミシン等製造販売会社の取締役に対する損害賠償請求訴訟における最高裁判決（平成18年4月10日）が参考となる）。

(2) 反社会的勢力との関係遮断を社内規則等に明文化する意義

　今日、反社会的勢力との関係遮断については、（社）日本経済団体連合会の「企業行動憲章」のほか、多くの企業が、当該企業の企業倫理規程の中に盛り込んでいる。
　かかる企業倫理規程は、従業員の倫理に期待し、従業員の自発的な適正処理を促すために有用であるものの、反社会的勢力への対応を、単に従業員の倫理の問題としてとらえると、企業内に、反社会的勢力の不当要求を問題化せず安易に解決しようとする者がいる場合に、反社会的勢力と直接に対峙する担当者が、相手方の不当要求と当該社内関係者の判断との間で板挟みになり、従業員の倫理だけでは処理しきれない問題に直面し、判断を誤らせるおそれがある。また、反社会的勢力への対応は、その性質上、企業の担当者が当該問題を企業にとって不名誉なことと受け取ったり、相手方に対する恐怖心を抱いたりすることから、適切に処理することに困難が伴う。

そこで、反社会的勢力との関係遮断を更に確実なものとするため、反社会的勢力との関係遮断を、単なる倫理の問題としてとらえるのではなく、法令遵守に関わる重大な問題としてとらえ、外部専門機関と連携して、その助言・助力を得て法的に対応し、問題を解決することを手順化することが有効となる。

そのためには、企業は、反社会的勢力との関係遮断を、内部統制システムの法令等遵守・リスク管理事項として明記するとともに、社内規則等の服務規程の中にも規定することが重要と考えられる。

(3) 不当要求の二つの類型（接近型と攻撃型）

反社会的勢力による不当要求の手口として、「接近型」と「攻撃型」の2種類があり、それぞれにおける対策は、次のとおりである。
① 接近型（反社会的勢力が、機関誌の購読要求、物品の購入要求、寄付金や賛助金の要求、下請け契約の要求を行うなど、「一方的なお願い」あるいは「勧誘」という形で近づいてくるもの）
　→　契約自由の原則に基づき、「当社としてはお断り申し上げます」「申し訳ありませんが、お断り申し上げます」等と理由を付けずに断ることが重要である。理由をつけることは、相手側に攻撃の口実を与えるのみであり、妥当ではない。
② 攻撃型（反社会的勢力が、企業のミスや役員のスキャンダルを攻撃材料として公開質問状を出したり、街宣車による街宣活動をしたりして金銭を要求する場合や、商品の欠陥や従業員の対応の悪さを材料としてクレームをつけ、金銭を要求する場合）
　→　反社会的勢力対応部署の要請を受けて、不祥事案を担当する部署が速やかに事実関係を調査する。仮に、反社会的勢力の指摘が虚偽であると判明した場合には、その旨を理由として不当要求を拒絶する。また、仮に真実であると判明した場合でも、不当要求自体は拒絶し、不祥事案の問題については、別途、当該事実関係の適切な開示や再発防止策の徹底等により対応する。

(4) 反社会的勢力との一切の関係遮断

反社会的勢力による被害を防止するためには、反社会的勢力であると完全に判明した段階のみならず、反社会的勢力であるとの疑いを生じた段階においても、関係遮断を図ることが大切である。

勿論、実際の実務においては、反社会的勢力の疑いには濃淡があり、企業の対

処方針としては、
① 直ちに契約等を解消する
② 契約等の解消に向けた措置を講じる
③ 関心を持って継続的に相手を監視する（＝将来における契約等の解消に備える）

などの対応が必要となると思われる。

ただ、いずれにせよ、最終的に相手方が反社会的勢力であると合理的に判断される場合には、関係を解消することが大切である。

なお、金融機関が行った融資等、取引の相手方が反社会的勢力であると判明した時点で、契約上、相手方に期限の利益がある場合、企業の対応としては、関係の解消までに一定の期間を要することもあるが、不当要求には毅然と対応しつつ、可能な限り速やかに関係を解消することが大切である。

（5）契約書及び取引約款における暴力団排除条項の意義

暴力団を始めとする反社会的勢力が、その正体を隠して経済的取引の形で企業に接近し、取引関係に入った後で、不当要求やクレームの形で金品等を要求する手口がみられる。また、相手方が不当要求等を行わないとしても、暴力団の構成員又は暴力団と何らかのつながりのある者と契約関係を持つことは、暴力団との密接な交際や暴力団への利益供与の危険を伴うものである。

こうした事態を回避するためには、企業が社内の標準として使用する契約書や取引約款に暴力団排除条項を盛り込むことが望ましい。

本来、契約を結ぶまでの時点では、〈契約自由の原則〉に基づき、反社会的勢力との契約を、企業の総合的判断に基づいて拒絶することは自由である。また、契約関係に入ってからの時点においても、相手方が違法・不当な行為を行った場合や、事実に反することを告げた場合には、〈信頼関係破壊の法理〉の考え方を踏まえ、契約関係を解除することが適切である。

したがって、暴力団排除条項の活用に当たっては、反社会的勢力であるかどうかという属性要件のみならず、反社会的勢力であることを隠して契約を締結することや、契約締結後違法・不当な行為を行うことという行為要件の双方を組み合わせることが適切であると考えられる。

（6）不実の告知に着目した契約解除

暴力団排除条項と組み合わせることにより、有効な反社会的勢力の排除方策と

して不実の告知に着目した契約解除という考え方がある。
　これは、契約の相手方に対して、あらかじめ、「自分が反社会的勢力でない」ということの申告を求める条項を設けておくものである。
　この条項を設けることにより、
○　相手方が反社会的勢力であると表明した場合には、暴力団排除条項に基づき、契約を締結しないことができる。
○　相手方が反社会的勢力であることについて明確な回答をしない場合には、契約自由の原則に基づき、契約を締結しないことができる。
○　相手方が反社会的勢力であることについて明確に否定した場合で、後に、その申告が虚偽であることが判明した場合には、暴力団排除条項及び虚偽の申告を理由として契約を解除することができる。

(7) 反社会的勢力による株式取得への対応

　反社会的勢力が、企業の株式を取得した場合、株主の地位を悪用して企業に対して不当要求を行うおそれがあり、また、反社会的勢力が企業の経営権を支配した場合、他の株主、取引先、提携先、従業員等の犠牲の下、支配株主たる反社会的勢力のみの利益をはかるような経営が行われ、企業価値が不当に収奪されるおそれがある。そのため、反社会的勢力に企業の株式を取得されないように対策を講ずる必要がある。
　反社会的勢力による株式取得には、不当要求の手段として取得する場合や、買収・乗っ取りの手段として取得する場合があるが、これらに対抗するためには、まず前提として、株式を取得しようとする者が反社会的勢力であるか否かを判断することが重要であると考えられる。

(8) 反社会的勢力の情報を集約したデータベースの構築

① 企業に対するアンケート調査結果について
　平成18年10月、全国暴力追放運動推進センターが行った「企業の内部統制システムと反社会的勢力との関係遮断に関するアンケート調査」によると、
　　〈各業界ごとに、反社会的勢力に関する公開情報及び各企業からの情報を集約・蓄積し、加盟企業が情報照会を行うデータベースを構築すること〉
について、その良否を質問したところ、「よいと思う」との回答が大部分（87％）を占めた。このアンケート結果を踏まえると、確かに

○　情報共有の仕組みを構築するには、参加企業間に信頼関係が必要であること
　　　○　反社会的勢力排除の取組姿勢について、企業間に温度差があること
　　　○　民間企業の保有する情報には限界があること
　　など、様々な実務的な検討課題があるものの、各業界団体ごとに反社会的勢力に関する情報データベースを構築することは、極めて有効な取組ではないかと考えられる。
　②　不当要求情報管理機関について
　　　暴力団対策法は、不当要求情報に関する情報の収集及び事業者に対する当該情報の提供を業とする者として、「不当要求情報管理機関」という任意団体の仕組みを規定しており、現在、①財団法人競艇保安協会、②財団法人競馬保安協会、③社団法人警視庁管内特殊暴力防止対策連合会の３つが登録されている。
　　　また、警察庁、金融庁、日本証券業協会、東京証券取引所等による証券保安連絡会においては、証券会社間における反社会的勢力に関する情報の集約・共有を行うための証券版〈不当要求情報管理機関（仮称）〉の設置を検討中であり、今後、本指針の普及過程において、他の業界から証券業界と同様の要望があるならば、警察としては、証券保安連絡会における議論の推移を踏まえつつ、前向きに検討したいと考えている。

（9）警察署や暴力追放運動推進センターとの緊密な関係

　警察署の暴力担当課の担当者や、暴力追放運動推進センターの担当者と、暴排協議会等を通じて、平素から意思疎通を行い、反社会的勢力による不当要求が行われた有事の際に、躊躇することなく、連絡や相談ができるような人間関係を構築することが重要である。
　また、暴力追放運動推進センターが行っている不当要求防止責任者に対する講習等を通じて、不当要求に対する対応要領等を把握することも重要である。

（10）警察からの暴力団情報の提供

　暴力団情報については、警察は厳格に管理する責任（守秘義務）を負っているが、国民を暴力団による不当な行為から守るとともに、社会から暴力団を排除するため、警察の保有する情報を活用することも必要である。
　そこで、警察庁においては、平成12年に、「暴力団排除等のための部外への情報提供について」（平成12年９月14日付　警察庁暴力団対策部長通達）において、

暴力団情報の部外への提供についての判断の基準及び手続を定め、暴力団による犯罪等による被害の防止又は回復等の公益を実現するため適切に情報を提供するとともに、提供の是非の判断に当たっては組織としての対応を徹底している。

本指針における反社会的勢力排除のための企業からの照会についても、上記の基準及び手続に即して、適正に対処するものである。

(11) 個人情報保護法に則した反社会的勢力の情報の保有と共有

企業が、反社会的勢力の不当要求に対して毅然と対処し、その被害を防止するためには、各企業において、自ら業務上取得した、あるいは他の事業者や暴力追放運動推進センター等から提供を受けた反社会的勢力の情報をデータベース化し、反社会的勢力による被害防止のために利用することが、極めて重要かつ必要である。

反社会的勢力に関する個人情報を保有・利用することについては、事業者が個人情報保護法に違反することを懸念する論点があることから、本データベースを構成する反社会的勢力の情報のうち個人情報に該当するものについて、反社会的勢力による被害防止という利用目的の下において、①取得段階、②利用段階、③提供段階、④保有段階における個人情報の保護に関する法律（以下「法」という。）の適用についての基本的な考え方について整理すると、以下のとおりである。

① 取得段階

事業者が、上記目的に利用するため反社会的勢力の個人情報を直接取得すること、又は事業者がデータベース化した反社会的勢力の個人情報を、上記目的に利用するため、他の事業者、暴力追放運動推進センター等から取得すること。

→ 利用目的を本人に通知することにより、従業員に危害が加えられる、事業者に不当要求等がなされる等のおそれがある場合、法18条4項1号（本人又は第三者の生命、身体又は財産その他の権利利益を害するおそれがある場合）及び2号（事業者の正当な権利又は利益を害するおそれがある場合）に該当し、本人に利用目的を通知または公表する必要はない。

② 利用段階

事業者が、他の目的により取得した反社会的勢力の個人情報を上記目的に利用すること

→ こうした利用をしない場合、反社会的勢力による不当要求等に対処し損ねたり、反社会的勢力との関係遮断に失敗することによる信用失墜に伴う金銭的被害も生じたりする。また、反社会的勢力からこうした利用に関する同意

を得ることは困難である。

　このため、このような場合、法16条3項2号（人の生命、身体又は財産の保護のために必要がある場合であって、本人の同意を得ることが困難であるとき）に該当し、本人の同意がなくとも目的外利用を行うことができる。

③　提供段階

　事業者が、データベース化した反社会的勢力の個人情報を、上記目的のため、他の事業者、暴力追放運動推進センター等の第三者に提供すること

→　反社会的勢力に関する情報を交換しその手口を把握しておかなければ、反社会的勢力による不当要求等に対処し損ねたり、反社会的勢力との関係遮断に失敗することによる信用失墜に伴う金銭的被害も生じたりする。また、反社会的勢力からこうした提供に関する同意を得ることは困難である。

　このため、このような場合、法23条1項2号（人の生命、身体又は財産の保護のために必要がある場合であって、本人の同意を得ることが困難であるとき）に該当し、本人の同意がなくとも第三者提供を行うことができる。

④　保有段階

　事業者が、保有する反社会的勢力の個人情報について、一定の事項の公表等を行うことや、当該本人から開示（不存在である旨を知らせることを含む。）を求められること

→　反社会的勢力の個人情報については、事業者がこれを保有していることが明らかになることにより、不当要求等の違法又は不当な行為を助長し、又は誘発するおそれがある場合、個人情報の保護に関する法律施行令3条2号（存否が明らかになることにより、違法又は不当な行為を助長し、又は誘発するおそれがあるもの）に該当し、法2条5項により保有個人データから除外される。

　このため、当該個人情報については、法24条に定める義務の対象とならず、当該個人情報取扱事業者の氏名又は名称、その利用目的、開示等の手続等について、公表等をする必要はない。

　本人からの開示の求めの対象は、保有個人データであり、上記のとおり、事業者が保有する反社会的勢力の個人情報は保有個人データに該当しないことから、当該個人情報について、本人から開示を求められた場合、「当該保有個人データは存在しない」と回答することができる。

(12) 反社会的勢力との関係遮断を内部統制システムに位置づける必要性

　会社法上の大会社や委員会設置会社の取締役会は、健全な会社経営のために会

社が営む事業の規模、特性等に応じた法令等の遵守体制・リスク管理体制（いわゆる内部統制システム）の整備を決定する義務を負い、また、ある程度以上の規模の株式会社の取締役は、善管注意義務として、事業の規模、特性等に応じた内部統制システムを構築し、運用する義務があると解されている。

反社会的勢力による不当要求は、
○ 取締役等の企業トップを対象とするものとは限らず、従業員、派遣社員等の個人や関係会社等を対象とするものがあること
○ 事業活動上の不祥事や従業員の不祥事を対象とする場合には、事案を関係者限りで隠ぺいしようとする力が社内で働きかねないこと

を踏まえると、反社会的勢力による被害の防止は、業務の適正を確保するために必要な法令等遵守・リスク管理事項として、内部統制システムに明確に位置づけることが必要である。このことは、ある程度以上の規模のあらゆる株式会社にあてはまる。

また、反社会的勢力の攻撃は、会社という法人を対象とするものであっても、現実には、取締役や従業員等、企業で働く個人に不安感や恐怖感を与えるものであるため、反社会的勢力による被害を防止するための内部統制システムの整備に当たっては、会社組織を挙げて、警察や弁護士を始めとする外部専門機関と連携して対応することが不可欠である。

すなわち、
○ 取締役会が明文化された社内規則を制定するとともに、反社会的勢力対応部署と担当役員や従業員を指名すること
○ 制定した社内規則に基づいて、反社会的勢力対応部署はもとより、社内のあらゆる部署、会社で働くすべての個人を対象としてシステムを整備すること

が重要である。

(13) 内部統制システムを構築する上での実務上の留意点

内部統制システムの世界基準と言われているＣＯＳＯの体系によれば、内部統制システムは、①統制環境、②リスク評価、③統制活動、④情報と伝達、⑤監視活動の５項目から構築されるとされている。

反社会的勢力との関係遮断を内部統制システムに位置付けるに際して、それぞれの項目における留意事項は次のとおりであるが、特に、リスク評価の部分は、重点的に管理すべき項目である点に留意する必要がある。

ア　統制環境
・　経営トップが、反社会的勢力との関係遮断について宣言を行う。

- 取締役会において、反社会的勢力との関係遮断の基本方針を決議する。
- 企業倫理規程等の中に、反社会的勢力との関係遮断を明記する。
- 契約書や取引約款に暴力団排除条項を導入する。
- 反社会的勢力との関係遮断のための内部体制を構築する（例えば、専門部署の設置、属性審査体制の構築、外部専門機関との連絡体制の構築等）。

イ　リスク評価
- 反社会的勢力による不当要求に応じることや、反社会的勢力と取引を行うことは、多大なリスクであることを認識し、反社会的勢力との関係遮断を行う。
- 特に、事業活動上の不祥事や従業員の不祥事を理由とする不当要求に対して、事案を隠ぺいするための裏取引を行うことは、企業の存立そのものを危うくするリスクであることを十分に認識し、裏取引を絶対に行わない。

ウ　統制活動
- 反社会的勢力による不当要求への対応マニュアルを策定する。
- 不当要求防止責任者講習を受講し、また、社内研修を実施する。
- 反社会的勢力との関係遮断の取組について、適切な人事考課（表彰や懲戒等）を行うとともに、反社会的勢力との癒着防止のため、適正な人事配置転換を行う。

エ　情報と伝達
- 反社会的勢力による不当要求がなされた場合には、直ちに専門部署へその情報が集約されるなど、指揮命令系統を明確にしておく。
- 反社会的勢力の情報を集約したデータベースを構築する。
- 外部専門機関への通報や連絡を手順化しておく。

オ　監視活動
- 内部統制システムの運用を監視するための専門の職員（リスク・マネージャーやコンプライアンス・オフィサー等）を配置する。

【出所】首相官邸・犯罪対策閣僚会議ホームページ「企業が反社会的勢力による被害を防止するための指針に関する解説」（平成19年6月19日）

資料4　企業行動憲章

企業行動憲章

【序　文】

　日本経団連は，すべての企業や個人が高い倫理観のもと自由に創造性を発揮できる経済社会の構築に全力をあげて取り組んできた。その一環として1991年に「企業行動憲章」を制定し，1996年には憲章改定に合わせて「実行の手引き」を作成した。2002年の再改定時には，企業に対して社内体制整備と運用強化を要請するなど，経営トップのイニシアチブによる自主的な取り組みを促してきた。

　そうした中で，近年，市民社会の成熟化に伴い，商品の選別や企業の評価に際して「企業の社会的責任（CSR: Corporate Social Responsibility）」への取り組みに注目する人々が増えている。また，グローバル化の進展に伴い，児童労働・強制労働を含む人権問題や貧困問題などに対して世界的に関心が高まっており，企業に対しても一層の取り組みが期待されている。さらに，情報化社会における個人情報や顧客情報の適正な保護，少子高齢化に伴う多様な働き手の確保など，新たな課題も生まれている。企業は，こうした変化を先取りして，ステークホルダーとの対話を重ねつつ社会的責任を果たすことにより，社会における存在意義を高めていかねばならない。

　これまで日本企業は，従業員の潜在能力を引き出し企業の発展に結びつけるため，きめ細かい従業員教育や社内研修，労使協調に努めてきた。また，地域社会の発展への寄与，社会貢献活動や環境保全への積極的取り組みなど，企業の社会的責任の遂行に努力してきた。

　社会的責任を果たすにあたっては，その情報発信，コミュニケーション手法などを含め，企業の主体性が最大限に発揮される必要があり，自主的かつ多様な取り組みによって進められるべきである。その際，法令遵守が社会的責任の基本であることを再認識する必要がある。そこで，今般，日本経団連は，会員企業の自主的取り組みをさらに推進するため，企業行動憲章を改定した。

　会員企業は，優れた製品・サービスを，倫理的側面に十分配慮して創出することで，引き続き社会の発展に貢献する。そして，企業と社会の発展が密接に関係していることを再認識した上で，経済，環境，社会の側面を総合的に捉えて事業活動を展開し，持続可能な社会の創造に資する。そのため，会員企業は，次に定める企業行動憲章の精神を尊重し，自主的に実践していくことを申し合わせる。

企業行動憲章
―社会の信頼と共感を得るために―

(社)日本経済団体連合会

1991年9月14日　「経団連企業行動憲章」制定
1996年12月17日　同憲章改定
2002年10月15日　「企業行動憲章」へ改定
2004年5月18日　同憲章改定

　企業は，公正な競争を通じて利潤を追求するという経済的主体であると同時に，広く社会にとって有用な存在でなければならない。そのため企業は，次の10原則に基づき，国の内外を問わず，人権を尊重し，関係法令，国際ルールおよびその精神を遵守するとともに，社会的良識をもって，持続可能な社会の創造に向けて自主的に行動する。

1. 社会的に有用な製品・サービスを安全性や個人情報・顧客情報の保護に十分配慮して開発，提供し，消費者・顧客の満足と信頼を獲得する。
2. 公正，透明，自由な競争ならびに適正な取引を行う。また，政治，行政との健全かつ正常な関係を保つ。
3. 株主はもとより，広く社会とのコミュニケーションを行い，企業情報を積極的かつ公正に開示する。
4. 従業員の多様性，人格，個性を尊重するとともに，安全で働きやすい環境を確保し，ゆとりと豊かさを実現する。
5. 環境問題への取り組みは人類共通の課題であり，企業の存在と活動に必須の要件であることを認識し，自主的，積極的に行動する。
6. 「良き企業市民」として，積極的に社会貢献活動を行う。
7. 市民社会の秩序や安全に脅威を与える反社会的勢力および団体とは断固として対決する。
8. 国際的な事業活動においては，国際ルールや現地の法律の遵守はもとより，現地の文化や慣習を尊重し，その発展に貢献する経営を行う。
9. 経営トップは，本憲章の精神の実現が自らの役割であることを認識し，率先垂範の上，社内に徹底するとともに，グループ企業や取引先に周知させる。また，社内外の声を常時把握し，実効ある社内体制の整備を行うとともに，企業倫理の徹底を図る。
10. 本憲章に反するような事態が発生したときには，経営トップ自らが問題解決にあたる姿勢を内外に明らかにし，原因究明，再発防止に努める。また，社会への迅速かつ的確な情報の公開と説明責任を遂行し，権限と責任を明確にした上，自らを含めて厳正な処分を行う。

以上

【出所】社団法人日本経済団体連合会「企業行動憲章」(平成16年5月18日)

資料5　暴力追放運動推進センター所在一覧

平成20年5月現在

名称・電話・FAX	〒	所在地
㈶北海道暴力追放センター ☎011-614-5982　FAX011-614-6841	060-0003	札幌市中央区北3条西18丁目 道庁西18別館内
㈶暴力追放青森県民会議 ☎017-723-6250　FAX017-723-8931	030-0801	青森市新町2-2-7 青銀新町ビル内
㈶岩手県暴力団追放県民会議 ☎019-624-8930　FAX019-624-8930	020-0022	盛岡市大通り1-2-1 県産業会館サンビル内
㈶宮城県暴力団追放推進センター ☎022-215-5050　FAX022-215-5051	980-0014	仙台市青葉区本町3-5-22 宮城県管工事会館内
㈶暴力団壊滅秋田県民会議 ☎018-824-8989　FAX018-824-8989	010-0922	秋田市旭北栄町1-5 秋田県社会福祉会館内
㈶山形県暴力追放運動推進センター ☎023-633-8930　FAX023-676-4140	990-0041	山形市緑町1-9-30
㈶暴力団根絶福島県民会議 ☎024-533-8930　FAX024-533-4287	960-8115	福島市山下町5-28 警察県民サービスセンター内
㈶茨城県暴力追放推進センター ☎029-228-0893　FAX029-233-2140	310-0011	水戸市三の丸1-5-38 三の丸庁舎内
㈶栃木県暴力追放県民センター ☎028-627-2995　FAX028-627-2996	320-0024	宇都宮市栄町5-7 県庁栄町別館内
㈶群馬県暴力追放県民会議 ☎027-254-0808　FAX027-254-1100	371-0836	前橋市江田町448-11 群馬県警察本部江田町庁舎内
㈶埼玉県暴力追放・薬物乱用防止センター ☎048-834-2140　FAX048-833-2302	330-8533	さいたま市浦和区高砂3-15-1 県庁第二庁舎内
㈶千葉県暴力団追放県民会議 ☎043-254-8930　FAX043-227-7869	260-0013	千葉市中央区中央4-13-7 千葉県酒造会館内
㈶暴力団追放運動推進都民センター ☎03-5283-5050　FAX03-5282-3724	101-0047	千代田区内神田1-1-5
㈶神奈川県暴力追放推進センター ☎045-201-8930　FAX045-663-8930	231-8403	横浜市中区海岸通2-4 神奈川県警察本部庁舎内
㈶新潟県暴力追放運動推進センター ☎025-241-8119　FAX025-241-8109	950-0981	新潟市中央区堀之内32 JA新潟市鳥屋野支店内
㈶山梨県暴力追放県民会議 ☎055-227-5420　FAX055-223-0110	400-0031	甲府市丸の内1-5-4 恩賜林記念館内
㈶長野県暴力追放県民センター ☎026-235-2140　FAX026-233-3741	380-8510	長野市大字南長野字幅下692-2 県庁東庁舎内
㈶静岡県暴力追放運動推進センター ☎054-283-8930　FAX054-283-8940	422-8067	静岡市駿河区南町11-1 静銀・中京銀静岡駅南ビル
㈶富山県暴力追放運動推進センター ☎076-431-8930　FAX076-444-7788	930-0005	富山市新桜町3-2
㈶暴力団追放石川県民会議 ☎076-260-8930　FAX076-260-4004	920-0962	金沢市広坂2-1-1 石川県広坂庁舎2号館内
㈶福井県暴力追放センター ☎0776-28-1700　FAX0776-28-1701	910-0003	福井市松本3-16-10 福井県合同庁舎内
㈶岐阜県暴力追放推進センター ☎058-277-1613　FAX058-277-1366	500-8384	岐阜市薮田南5-14-1
㈶暴力追放愛知県民会議 ☎052-953-3000　FAX052-953-0099	460-0001	名古屋市中区三の丸2-1-1 愛知県警察本部内

㈶暴力追放三重県民センター ☎059-229-2140　FAX059-229-6900	514-0004	津市栄町3-222 ソシアビル内
㈶滋賀県暴力団追放推進センター ☎077-525-8930　FAX077-525-8930	520-0044	大津市京町3-4-22 滋賀会館内
㈶京都府暴力追放運動推進センター ☎075-451-8930　FAX075-451-0499	602-8027	京都市上京区下立売通衣棚西 入東立売町199-6
㈶大阪府暴力追放推進センター ☎06-6946-8930　FAX06-6946-8993	540-0012	大阪市中央区谷町2-3-1 ターンエンビルNo2内
㈶暴力団追放兵庫県民センター ☎078-362-8930　FAX078-351-7930	650-8510	神戸市中央区下山手通5-4-1 兵庫県警察本部内
㈶奈良県暴力団追放県民センター ☎0742-27-0102　FAX0742-24-8375	630-8131	奈良市大森町57-3 奈良県農協会館内
㈶和歌山県暴力団追放県民センター ☎073-422-8930　FAX073-422-5470	640-8150	和歌山市十三番丁30 酒直ビル内
㈶暴力追放鳥取県民会議 ☎0857-21-6413　FAX0857-21-6413	680-0031	鳥取市本町3-102 鳥取商工会議所内
㈶島根県暴力追放県民センター ☎0852-21-8938　FAX0852-21-8938	690-0887	松江市殿町2 県庁第二分庁舎内
㈶岡山県暴力追放運動推進センター ☎086-233-2140　FAX086-234-5196	700-0985	岡山市厚生町3-1-15 岡山商工会議所ビル内
㈶暴力追放広島県民会議 ☎082-511-0110　FAX082-511-0111	730-0011	広島市中区基町10-30 農林庁舎内
㈶山口県暴力追放県民会議 ☎083-923-8930　FAX083-923-8704	753-0072	山口市大手町2-40 山口県警察本部別館内
㈶徳島県暴力追放県民センター ☎088-656-2710　FAX088-623-4972	770-0942	徳島市昭和町3-7 徳島酸素ビル内
㈶香川県暴力追放運動推進センター ☎087-837-8889　FAX087-823-2303	760-0026	高松市磨屋町5-9 プラタ59ビル内
㈶愛媛県暴力追放推進センター ☎089-932-1893　FAX089-932-8930	790-0808	松山市若草町7 愛媛県警察本部第二庁舎内
㈶暴力追放高知県民センター ☎088-871-0002　FAX088-871-0003	780-0870	高知市本町2-3-31 LSビル内
㈶福岡県暴力追放運動推進センター ☎092-651-8938　FAX092-651-8988	812-0046	福岡市博多区吉塚本町13-50 吉塚合同庁舎内
㈶佐賀県暴力追放運動推進センター ☎0952-23-9110　FAX0952-23-9107	840-0831	佐賀市松原1-1-1 佐賀県警察本部別館内
㈶長崎県暴力追放運動推進センター ☎095-825-0893　FAX095-825-0841	850-0033	長崎市万才町5-24 ヒルサイド5ビル内
㈶熊本県暴力追放協議会 ☎096-382-0333　FAX096-382-0346	862-0950	熊本市水前寺6-35-4
㈶暴力追放大分県民会議 ☎097-538-4704　FAX097-536-6110	870-0046	大分市荷揚町5-36 大分県警察本部別館内
㈶宮崎県暴力追放センター ☎0985-31-0893　FAX0985-31-0894	880-0804	宮崎市宮田町13-16 県庁10号館内
㈶鹿児島県暴力追放運動推進センター ☎099-224-8601　FAX099-224-8602	892-0838	鹿児島市新屋敷町16-301 県住宅供給公社ビル内
㈶暴力団追放沖縄県民会議 ☎098-868-0893　FAX098-869-8930	900-0029	那覇市旭町7 サザンプラザ海邦内
全国暴力追放運動推進センター ☎03-3288-2424　FAX03-3239-0267	102-0094	千代田区紀尾井町3-29 紀尾井町福田ビル内

資料6　弁護士会一覧

平成20年4月現在

弁護士会名	〒	所在地	電話・FAX
札幌弁護士会	060-0001	札幌市中央区北1条西10	電話 011-281-2428 FAX 011-281-4823
函館弁護士会	040-0031	函館市上新川町1-3	電話 0138-41-0232 FAX 0138-41-3611
旭川弁護士会	070-0901	旭川市花咲町4	電話 0166-51-9527 FAX 0166-46-8708
釧路弁護士会	085-0824	釧路市柏木町4-3	電話 0154-41-0214 FAX 0154-41-0225
仙台弁護士会	980-0811	仙台市青葉区一番町2-9-18	電話 022-223-1001 FAX 022-261-5945
福島県弁護士会	960-8115	福島市山下町4-24	電話 024-534-2334 FAX 024-536-7613
山形県弁護士会	990-0042	山形市七日町2-7-10 NANA BEANS 8階	電話 023-622-2234 FAX 023-635-3685
岩手弁護士会	020-0022	盛岡市大通り1-2-1 サンビル2階	電話 019-651-5095 FAX 019-623-5035
秋田弁護士会	010-0951	秋田市山王6-2-7	電話 018-862-3770 FAX 018-823-6804
青森県弁護士会	030-0861	青森市長島1-3-1 日赤ビル5階	電話 017-777-7285 FAX 017-722-3181
東京弁護士会	100-0013	千代田区霞が関1-1-3	電話 03-3581-2201 FAX 03-3581-0865
第一東京弁護士会	100-0013	千代田区霞が関1-1-3	電話 03-3595-8585 FAX 03-3595-8577
第二東京弁護士会	100-0013	千代田区霞が関1-1-3	電話 03-3581-2255 FAX 03-3581-2250
横浜弁護士会	231-0021	横浜市中区日本大通9	電話 045-201-1881 FAX 045-212-2888
埼玉弁護士会	336-0063	さいたま市浦和区高砂4-7-20	電話 048-863-5255 FAX 048-866-6544
千葉県弁護士会	260-0013	千葉市中央区中央4-13-12	電話 043-227-8431 FAX 043-225-4860
茨城県弁護士会	310-0062	水戸市大町2-2-75	電話 029-221-3501 FAX 029-227-7747
栃木県弁護士会	320-0036	宇都宮市小幡2-7-13	電話 028-622-2008 FAX 028-622-2050
群馬弁護士会	371-0026	前橋市大手町3-6-6	電話 027-233-4804 FAX 027-234-7425
静岡県弁護士会	420-0853	静岡市葵区追手町10-80	電話 054-252-0008 FAX 054-252-7522
山梨県弁護士会	400-0032	甲府市中央1-8-7	電話 055-235-7202 FAX 055-235-7204
長野県弁護士会	380-0872	長野市妻科432	電話 026-232-2104 FAX 026-232-3653
新潟県弁護士会	951-8126	新潟市中央区学校町通一番町1	電話 025-222-3765 FAX 025-223-2269
愛知県弁護士会	460-0001	名古屋市中区三の丸1-4-2	電話 052-203-1651 FAX 052-204-1690
三重弁護士会	514-0032	津市中央3-23	電話 059-228-2232 FAX 059-227-4675

岐阜県弁護士会	500-8811	岐阜市端詰町22	電　話　058-265-0020 ＦＡＸ　058-265-4100
福井弁護士会	910-0004	福井市宝永4-3-1 三井生命ビル7階	電　話　0776-23-5255 ＦＡＸ　0776-23-9330
金沢弁護士会	920-0937	金沢市丸の内7-2	電　話　076-221-0242 ＦＡＸ　076-222-0242
富山県弁護士会	930-0076	富山市長柄町3-4-1	電　話　076-421-4811 ＦＡＸ　076-421-4896
大阪弁護士会	530-0047	大阪市北区西天満1-12-5	電　話　06-6364-0251 ＦＡＸ　06-6364-0252
京都弁護士会	604-0971	京都市中京区富小路通丸太町下ル	電　話　075-231-2335 ＦＡＸ　075-223-1894
兵庫県弁護士会	650-0016	神戸市中央区橘通1-4-3	電　話　078-341-7061 ＦＡＸ　078-351-6651
奈良弁護士会	630-8213	奈良市登大路町5	電　話　0742-22-2035 ＦＡＸ　0742-23-8319
滋賀弁護士会	520-0051	大津市梅林1-3-3	電　話　077-522-2013 ＦＡＸ　077-522-2908
和歌山弁護士会	640-8144	和歌山市四番丁5	電　話　073-422-4580 ＦＡＸ　073-436-5322
広島弁護士会	730-0012	広島市中区上八丁堀2-66	電　話　082-228-0230 ＦＡＸ　082-228-0418
山口県弁護士会	753-0045	山口市黄金町2-15	電　話　083-922-0087 ＦＡＸ　083-928-2220
岡山弁護士会	700-0807	岡山市南方1-8-29	電　話　086-223-4401 ＦＡＸ　086-223-6566
鳥取県弁護士会	680-0011	鳥取市東町2-221	電　話　0857-22-3912 ＦＡＸ　0857-22-3920
島根県弁護士会	690-0886	松江市母衣町55-4 松江商工会議所ビル7階	電　話　0852-21-3225 ＦＡＸ　0852-21-3398
香川県弁護士会	760-0033	高松市丸の内2-22	電　話　087-822-3693 ＦＡＸ　087-823-3878
徳島弁護士会	770-0855	徳島市新蔵町1-31	電　話　088-652-5768 ＦＡＸ　088-652-3730
高知弁護士会	780-0928	高知市越前町1-5-7	電　話　088-872-0324 ＦＡＸ　088-872-0838
愛媛弁護士会	790-0003	松山市三番町4-8-8	電　話　089-941-6279 ＦＡＸ　089-941-4110
福岡県弁護士会	810-0043	福岡市中央区城内1-1	電　話　092-741-6416 ＦＡＸ　092-715-3207
佐賀県弁護士会	840-0833	佐賀市中の小路4-16	電　話　0952-24-3411 ＦＡＸ　0952-25-7608
長崎県弁護士会	850-0875	長崎市栄町1-25 長崎MSビル4階	電　話　095-824-3903 ＦＡＸ　095-824-3967
大分県弁護士会	870-0047	大分市中島西1-3-14	電　話　097-536-1458 ＦＡＸ　097-538-0462
熊本県弁護士会	860-0078	熊本市京町1-13-11	電　話　096-325-0913 ＦＡＸ　096-325-0914
鹿児島県弁護士会	892-0815	鹿児島市易居町2-3	電　話　099-226-3765 ＦＡＸ　099-223-7315
宮崎県弁護士会	880-0803	宮崎市旭1-8-28	電　話　0985-22-2466 ＦＡＸ　0985-22-2449
沖縄弁護士会	900-0023	那覇市楚辺1-5-15	電　話　098-833-5545 ＦＡＸ　098-833-5517

■編著者紹介

企業防衛研究会
第二東京弁護士会民暴委員会に所属する弁護士有志による研究会。企業と反社会的勢力との関係遮断、反社会的勢力による不当要求への対応方法、被害防止対策等の「反社会的勢力からの企業防衛」をテーマとして、研究活動を行っている。

KFi 株式会社
グローバルな監査法人ネットワークであるKPMGグループのメンバーファームとして1998年に設立され、2004年グループより独立。内部統制システムの整備・高度化、各種リスク管理・コンプライアンス体制の整備、監査体制構築等の専門的サービスを幅広く提供している。"Be practical 常に実践的であれ"を理念として、設立以来、500社を超える金融機関・事業法人・官公庁等に対するアドバイザリー実績がある。

内部統制による企業防衛指針の実践
―「企業が反社会的勢力による被害を防止するための指針」の解説と関係遮断のための内部統制システム整備マニュアル―

2008年5月30日　初版第1刷印刷
2008年6月10日　初版第1刷発行

編著者　企業防衛研究会・KFi株式会社

発行者　逸見　慎一

発行所　東京都文京区本郷6丁目4の7　株式会社　青林書院

振替口座　00110-9-16920／電話03(3815)5897〜8／郵便番号113-0033

http://www.seirin.co.jp

印刷・星野精版印刷㈱　落丁・乱丁本はお取り替え致します。

Printed in Japan　ISBN 978-4-417-01457-7

JCLS 〈㈱日本著作出版権管理システム委託出版物〉

本書の無断複写は著作権法上での例外を除き禁じられています。複写される場合は、そのつど事前に、㈱日本著作出版権管理システム(TEL03-3817-5670, FAX 03-3815-8199, e-mail:info@jcls.co.jp)の許諾を得てください。

第二東京弁護士会
民事介入暴力被害者救済センター運営委員会
［編集］

企業活動と民暴対策の法律相談

《犯罪対策閣僚会議》幹事会が平成19年6月に公表した
『企業が反社会的勢力による被害を防止するための指針』
に対応。
［編集］を担当した〈運営委員会〉の委員が
民暴事件処理の実体験に基づいた
民暴対策の知識とノウハウを
余すところ無く公開し、
"企業防衛のため"の実効的な方策を
コンプライアンスの見地から詳述する。

Ａ5判・総頁496・定価(本体4,300円＋税)

(株)青林書院　　TEL 03(3815)5897　Fax 03(3814)1316
　　　　　　　　http://www.seirin.co.jp